湯本武の自分史

湯本武

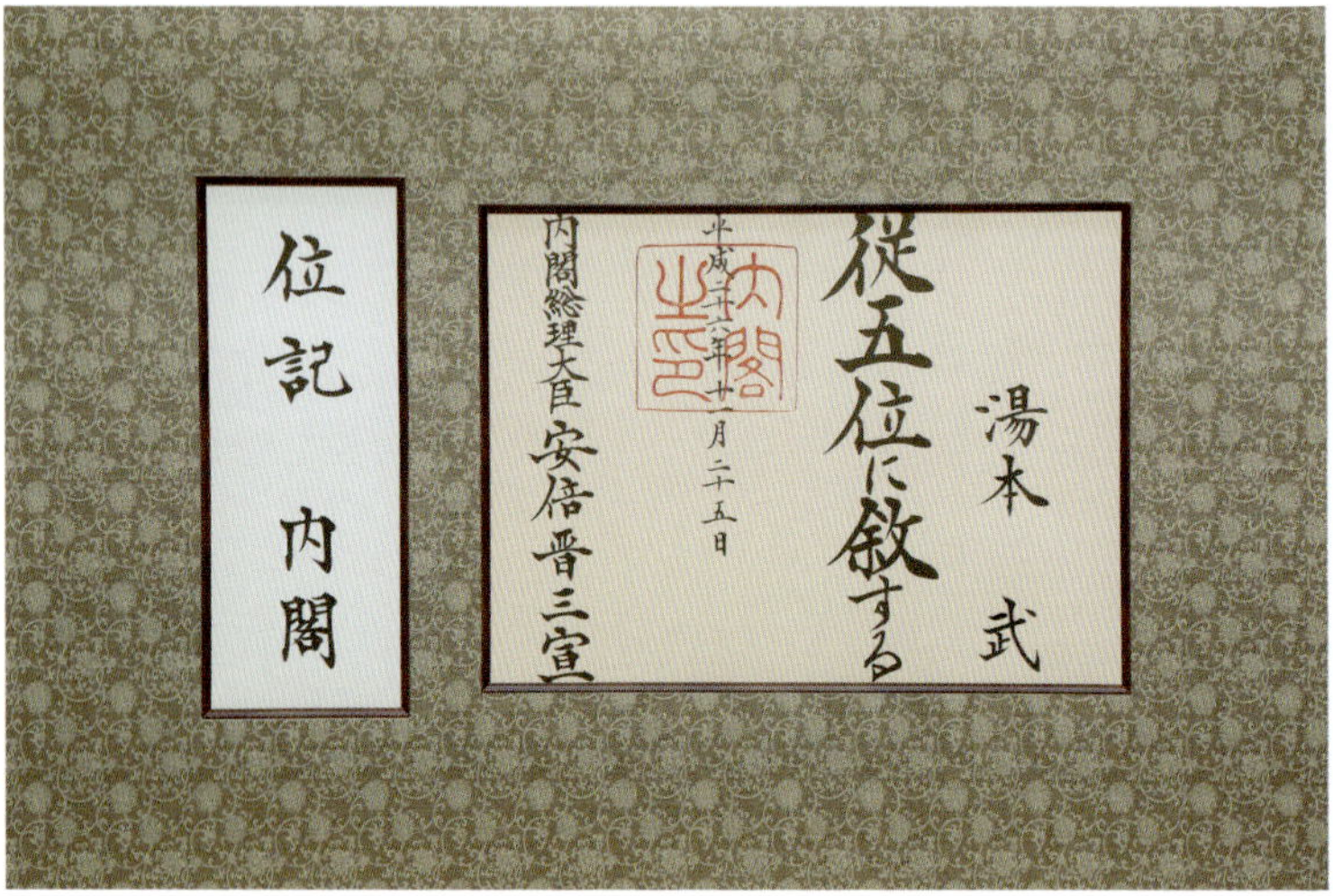
位記　内閣
湯本　武
従五位に叙する
平成二十六年十一月二十五日
内閣総理大臣　安倍晋三宣

日本国天皇は湯　木　武を
勲四等に叙し瑞寶章を授与する
平成六年十一月三日皇居において
璽をおさせる
平成六年十一月三日
内閣総理大臣 村山富市
総理府賞勲局長 石出宗秀

湯本武の
自分史

就職

昭和十七年一月二十六日、別添辞令のとおり、名古屋財務局税務署雇として採用。世相は戦時下にあり、学校を卒業しても勤務地、職業の選択等の自由がなく、次の四つの大前提があった。

1 軍人に志願する。
2 軍需産業に就職する。
3 海外（朝鮮、満洲、台湾等）の国策事業、または会社に就職する。
4 官公庁（官吏、代用教員）に就職する。

平和産業または家業に従事しても徴用制度があり、強制的に軍需工場等に徴用される。私は兵隊にはなりたくない、海外に行く勇気がない、家から通勤できるところを望んでいた。たまたま税務署に採用人員若干名というのがあったので受験したら合格した。特に税務署を希望したわけでなく、通勤範囲内というだけであった。したがって、税務署は何をする所かもしらなかったのが本音である。同級生の友人の就職組は海外か国内の軍需産業に職を求めて、散っていった。

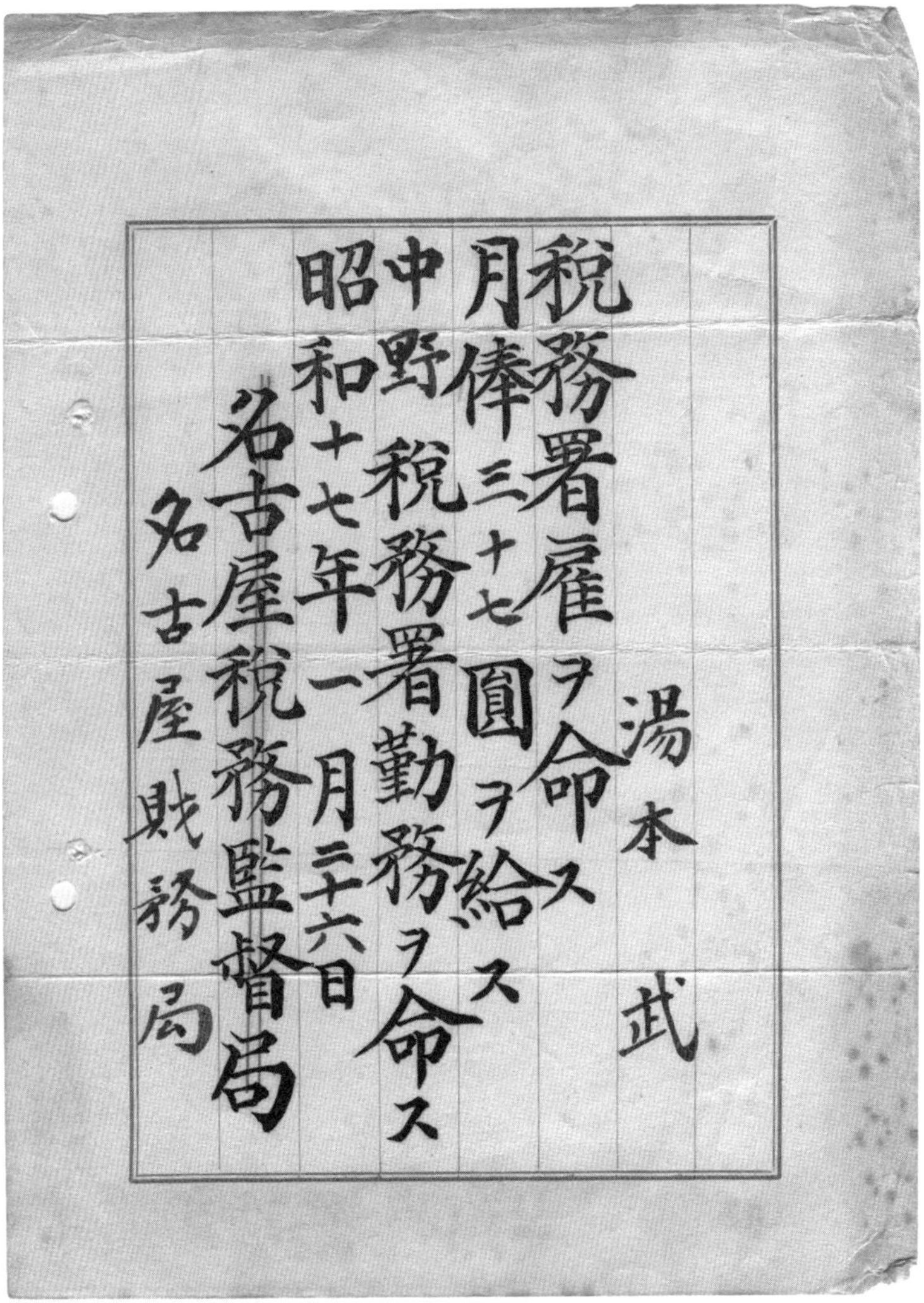

湯本武

税務署雇ヲ命ス

月俸三十七圓ヲ給ス

中野税務署勤務ヲ命ス

昭和十七年一月二十六日

名古屋税務監督局

名古屋財務局

勤務の雇は属官（判任官）の指示に従って補助的な事務に従事する。署員は三〇名程度で、午前八時から午後五時まで。署長は九時頃玄関から入ってくる。他の職員は横の通用口から入る。退庁も署長が退庁後、他の職員が退庁する。

署内の勤務時間中は極めて静かで、大声を出す人はいない。スリッパまたはぞうりに全員履き替えるので、歩くにも音はしない。しかも全員が同室にいるので、最初は息苦しかった。

納税者も一日に二、三人程度で、これも室内に上げない。すべてカウンター越しに対応し処理する。使用するペン、インキ、鉛筆、算盤等の文房具は一切支給されない、自前である。ペンなどは万年筆を使っては消耗が早いので、Gペンをペン軸に着けるか、ガラスペンにインキをつけて書いていた。誰も不満を唱える者はいなかった。

初任給三七円、当時、月給が高いか安いかの関心はなかった。また就職の喜びもなく、そのうちに考えようという程度であった。

昭和十七年一月二十六日	初任給		三七円
三月三十一日	勤勉手当	（賞与）	二六円
六月二十五日	〃	（〃）	三一円
十二月二十日	〃	（〃）	一一〇円

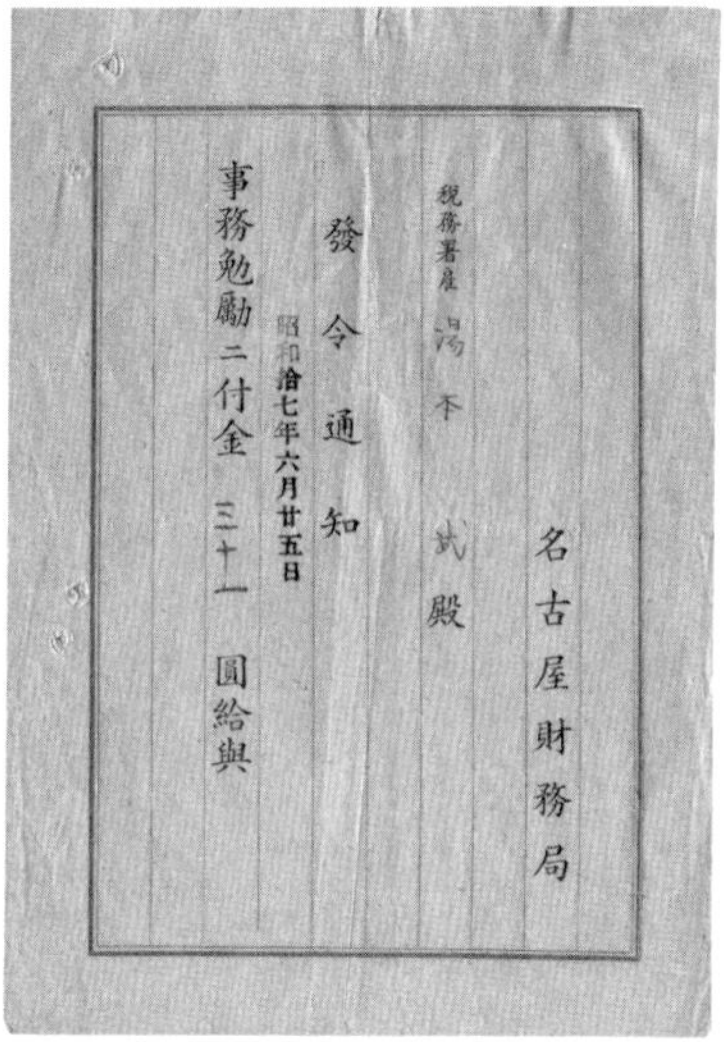

名古屋財務局

税務署雇 湯本 武殿

發令通知

昭和拾七年六月廿五日

事務勉励ニ付金 三十一 圓給與

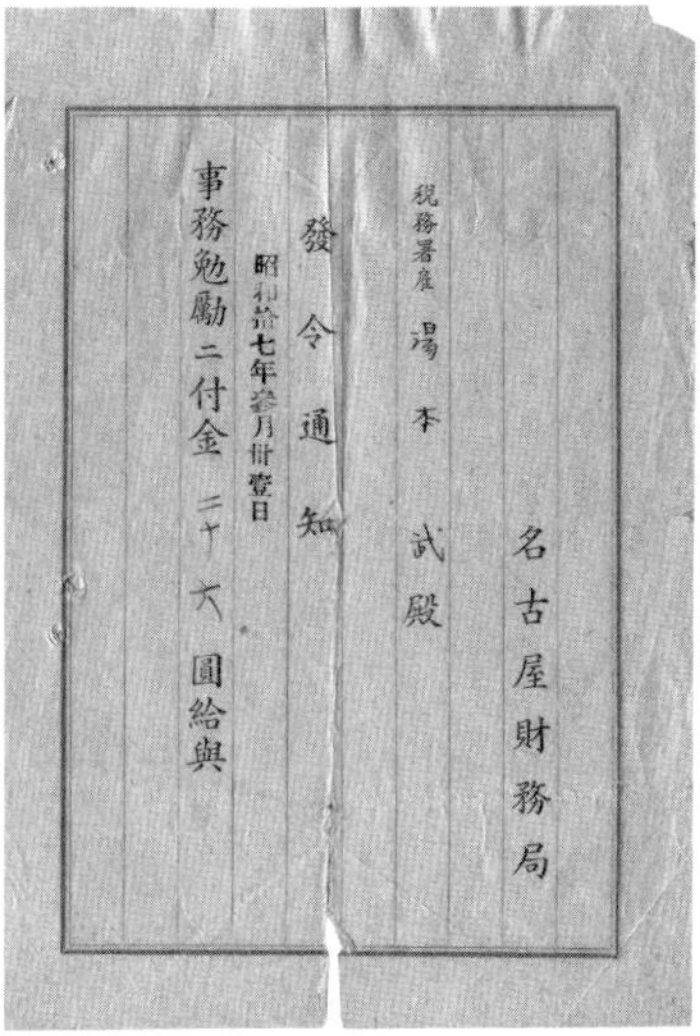

名古屋財務局

税務署雇 湯本 武殿

發令通知

昭和拾七年参月卅壹日

事務勉励ニ付金 二十六 圓給與

両親は十二月の賞与一一〇円には、多くて驚いたようである。当時の一〇〇円は相当な高額であった。神棚に上げて拝んでいた。

湯田中駅から中野駅までの電車賃は八銭くらいであった、と思う。酒一升（一・八リットル）八〇銭から一円二〇銭であった。

すべてが統制（着るもの、履くもの、食べるもの等）で配給。店頭には商品がなく、したがってどうしても必要な物は闇商品で、高値で手に入れるほか手段はなかった。

八月頃、母はいつまでも学生服ではかわいそうだということで、上条の小池洋服店に夏の背広を闇価格（約四〇円）で注文してくれた。また、十二月には、冬服を同じ洋服店で中古品を二〇円で買ってくれた。

当時の官吏の服装は背広か詰襟服であった。背広は夏でも必ずネクタイをつけていた。現在の開襟シャツというものはなかった。（開襟シャツの一般化してきたのは終戦後である）。夏は冷房施設もない室内で、汗だくだくであった。

服装にはうるさく、外出時は必ず帽子をかぶることが常識で、属官は夏はパナマの中折れか麦ガラのカンカン帽、冬はソフトの中折れ帽子をかぶっていた。雇の連中は夏冬を通じて大部分は略帽（戦闘帽）であった。

入署当初五名全員が地租係（現在の固定資産税）に配置された。土地・家屋の不動産に対する税は、当時国税で、土地台帳・図面等は税務署で保管していた（終戦後、地方に移管になった）。課税は税務署が行うが、税の徴収は一切市町村が行っていた。

三年に一回賃貸価額（現在の評価額）の改訂があり、その結果が地租係に集められ、整理集計中であった。私たちは毎日、算盤で集計事務に従事した。私は商科卒であり、珠算は三級程度であったが、他の四名は珠算は全然だめ、したがって仕事にならなかった。まず、珠算の練習から始めなければならなかった。

八月ごろに直税係に配置された。当時は営業・農業・庶業・配当等に分類して課税していたので「分類所得税」と言っていた。法人数は極めて少なく、ほとんどが個人であり、また課税人員も少なかった。

所得税は基礎控除が四〇〇円、扶養控除は一人五〇円程度であったと思う。他に控除するものはなかった。したがって、その控除額を超える者が課税された。この金額でも課税される人員は少なかった。この他に営業税があったが、これは四〇〇円以上所得があれば課税されたが、これも課税人員は少なかった。

別添講習證書のとおり、昭和十七年十一月十日税務講習終了。

八月現在で入署六カ月を経ると、講習を受ける資格が生ずる。

講師　民法　　　　　　署長
　　直税関係税法　　直税課長
　　間税関係税法　　間税課長

八月以降三日程度、午後受講する。民法は総則のみ、税法は分厚い（一五センチくらい）租税法規類集を貸与され、参考書等一切なし、本屋へ行っても税法等の専門書はない。本屋自体が開店休業の状態であった。講師も条文を読む程度で細かな解説は少なく、実務の経験がないので暗記以外に方法がなかった。

この頃になると署内の様子も若干わかってきて、自覚も出てきた。雇でいつまでも属官に使われているのは馬鹿らしいので、ともかく受験に向けてやるだけのことはやった。

十一月二十日、長野税務署の会議室で、長野県下の受験生（雇）が一〇〇名ほど受験した。我々のような若い者だけでなく、相当年配の人もいた。

試験の結果、成績の上位から名古屋財務局管内（愛知県、三重県、岐阜県、静岡県、長野県）の税務署の欠員の生じた署に、属官（判任官）として配置されることとなる。

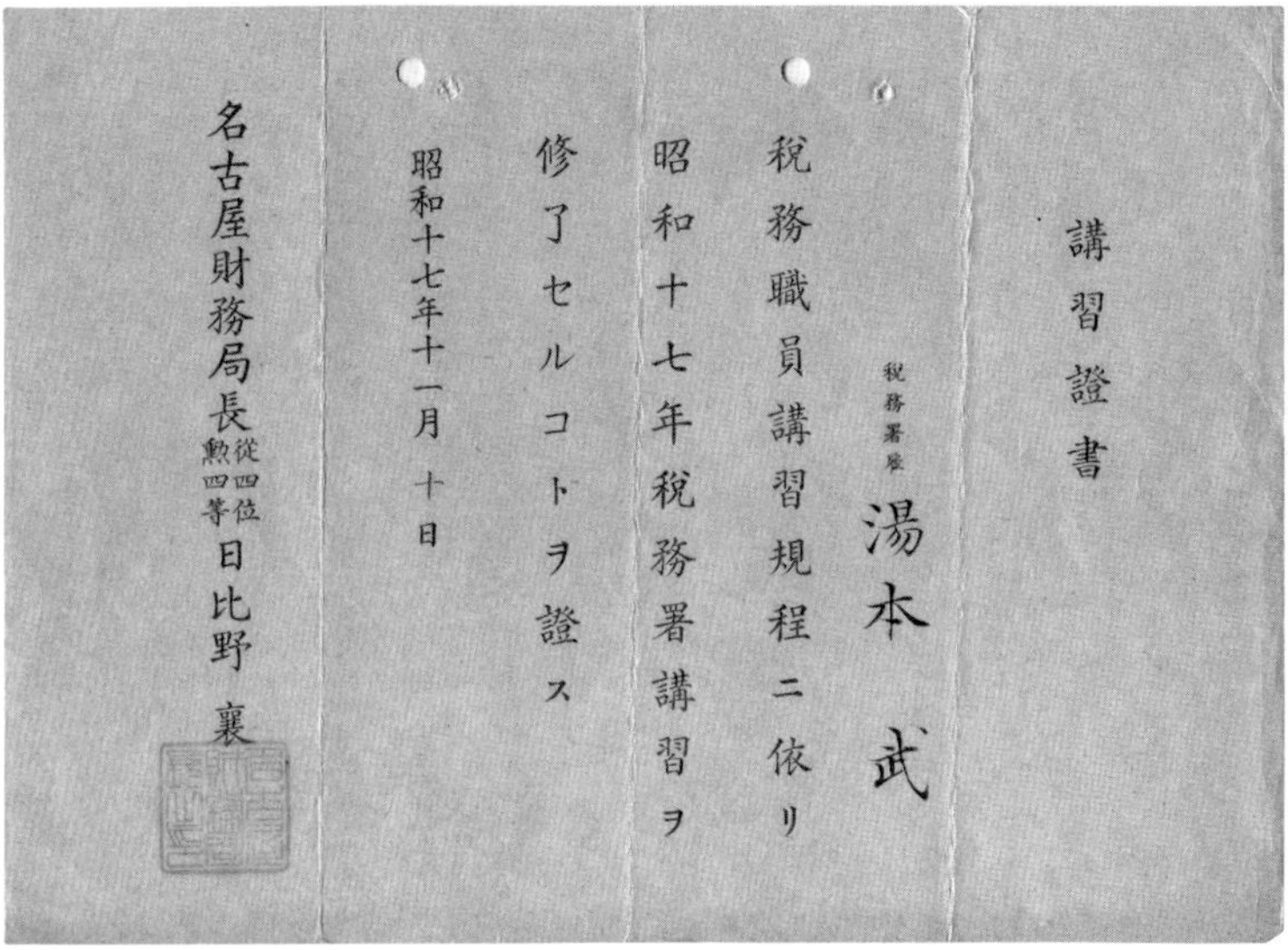

講習證書

税務署属 湯本武

税務職員講習規程ニ依リ
昭和十七年税務署講習ヲ
修了セルコトヲ證ス

昭和十七年十一月十日

名古屋財務局長 従四位勲四等 日比野襄

任官

昭和十八年五月四日別添辞令のとおり、税務署属に任官、一〇俸（四三円）を給され、ようやく一人前である。なお、中野税務署で受験した五名のうちで一番目の任官である。同日付で別添辞令のとおり、愛知県大浜税務署へ転勤を命ぜられた。一週間以内に着任しなければならない、突然のことで、準備のため家中大騒ぎであった。任地はどのような町であるか全然不明、中野署内の上司に聞いても誰ひとりとして知っている人はいない。下宿はどうなっているのかも不明。当時の交通事情などから、行って見てくることなどは考えられなかった。取り合えず寝具を入れた布団袋と衣類、日用品を入れた柳行李を税務署あて発送した（電話を使用して聞く知恵も浮ばなかった。もちろん、家には電話はなかった。大浜署の電話番号もわからない。たとえ電話番号がわかっても、誰に聞けばよいかも知らなかった。大浜署にはもちろん知っている人はいない、なんとかなるだろうという気持ちであった）。

一週間以内に大浜税務署（碧海郡大浜町）に着任した。送った荷物は署に届いていた。まず、署長、庶務課長、直税課長に着任の挨拶をし、さらに辞令を持って、全署員に頭

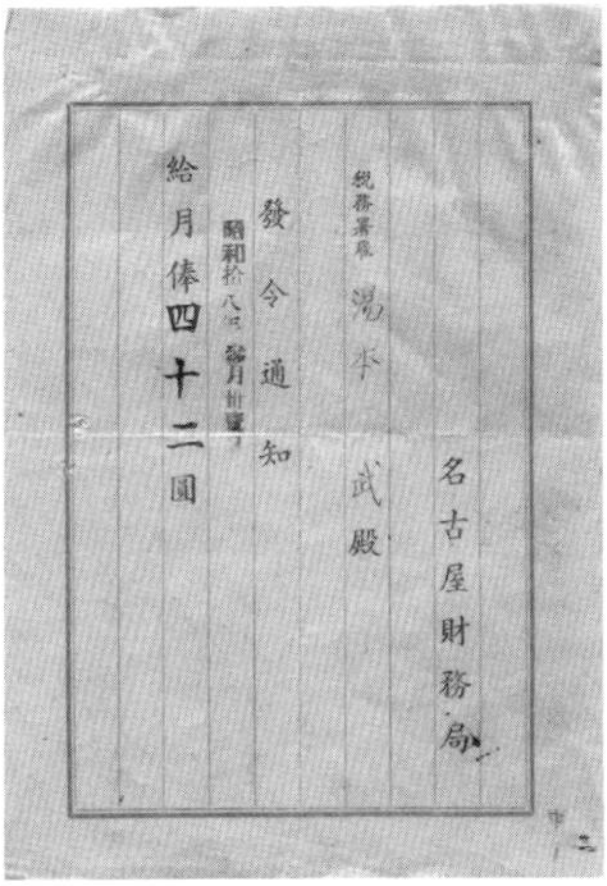

名古屋財務局

税務署属 湯本 武殿

發令通知

昭和拾八年参月卅壹日

給月俸四十二圓

湯本 武

任税務署属

昭和十八年五月四日

を下げて回った。

着任日早々一人前として扱われ、分担町村と関係書類を与えられた。

私にとっては、仕事の分担よりまず住む所をきめたい。したがって、そのことを直税課長に相談すると、幸いにも直税課に長野県松本市出身の吉沢さんという独身の方がおられ、その方が取り合えず私の所へ来て泊まれと言われ、やれやれと思った。

小使さんに、私の荷物を吉沢さん家へ届けておくよう依頼した。

場所は海に近い借家で、物置の隣を改造した部屋であった。食事は吉沢さんと同様に、家主の所へ朝夕食べに行くことで斡旋してもらった。

一カ月後、別の家に間借りを世話してもらい入居し、食事は前のとおり吉沢さんの家主の所へ歩いて（約七分）朝夕二食をすませることとし、ようやく個人の生活の本拠ができた。


（参考）吉沢さんは昭和十九年召集され、輸送船に乗船し出動中、敵の魚雷によって沈没し戦死された。

経費
借間代　　月五円

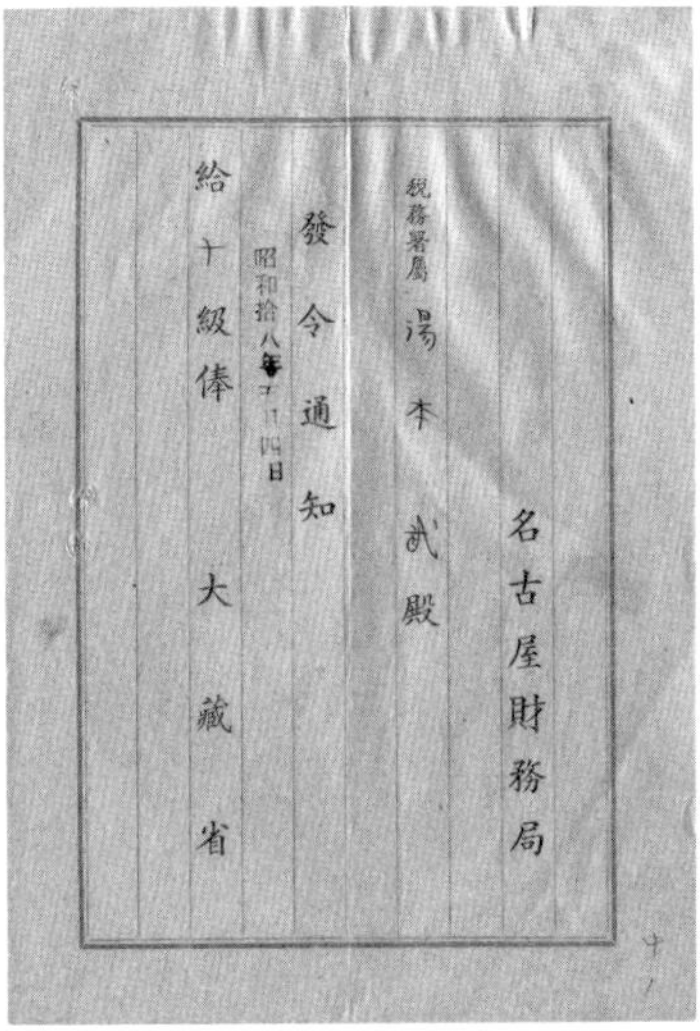

名古屋財務局

税務署属 湯本 武殿

發令通知

昭和拾八年七月四日

給十級俸 大蔵省

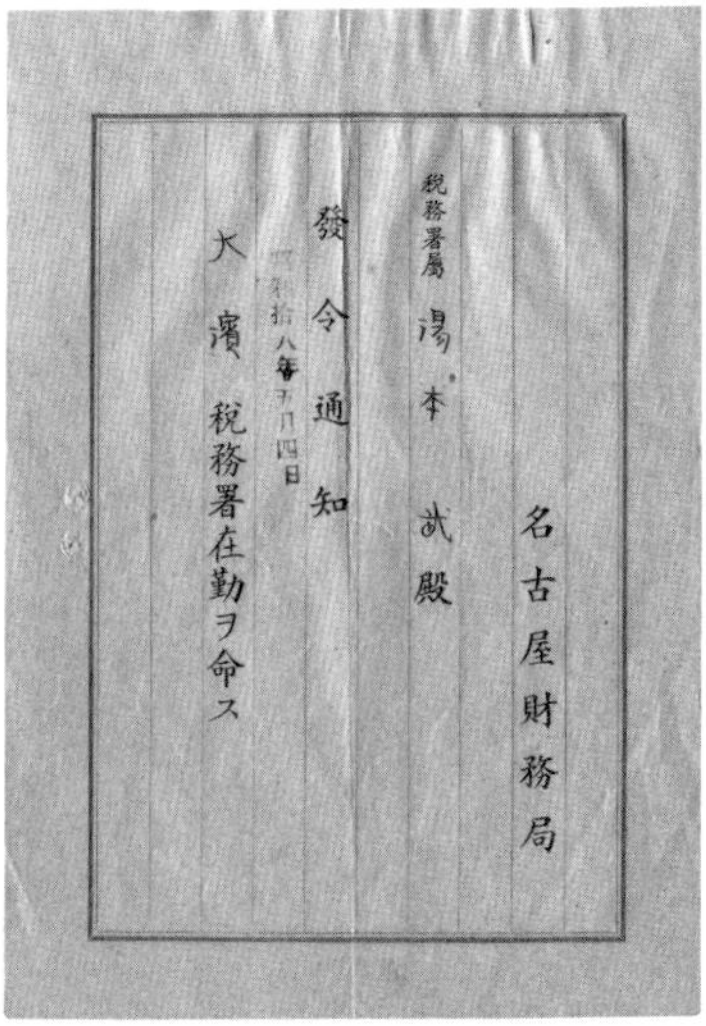

名古屋財務局

税務署属 湯本 武殿

發令通知

昭和拾八年七月四日

大濱税務署在勤ヲ命ス

食事代　　朝夕で月二三円
中食代　　月一三円程度（一食四〇銭〜六〇銭）
小使い　　月五円から八円程度

給与以外の旅費手当てなどで補い、ぎりぎりの生活であった。しかし、とくに苦しいとは思わなかった。当時としては当たり前であった。

署の所在地は海岸から八〇メートルほどの所にあり、昼休みはよく海岸をぶらぶらしていた。町はとくに遊ぶ所もなく平凡な町で、漁師も多く、褌一つの裸足で平気で歩くなど生活程度はあまり高いとは言えないと思った。

夏の夜は特に暑い。海岸をひとりで散歩、内海であるので波が岸壁にひたひたと砕けていた。暗い海には遠く瞬く漁火、華やかでないが、孤独な私には海のぬくもりを感じさせる不思議な光りのように見え、故郷を思いだしひとり暮しの寂しさをしみじみ感じたものだ。

署内の空気は中野署とは全然異なり、職員数は中野署より多く八〇名程度で明るい。時どき三時頃になると、希望者で金を出し一円程度を集め、バケツを持って魚市場で漁師のおかみさんたちが小型のカニを茹でて売っているのを雇連中に買いにやり、バケツ一杯のカニを事務室に持ちこんで食べる、これが極めて美味く楽しみであった。

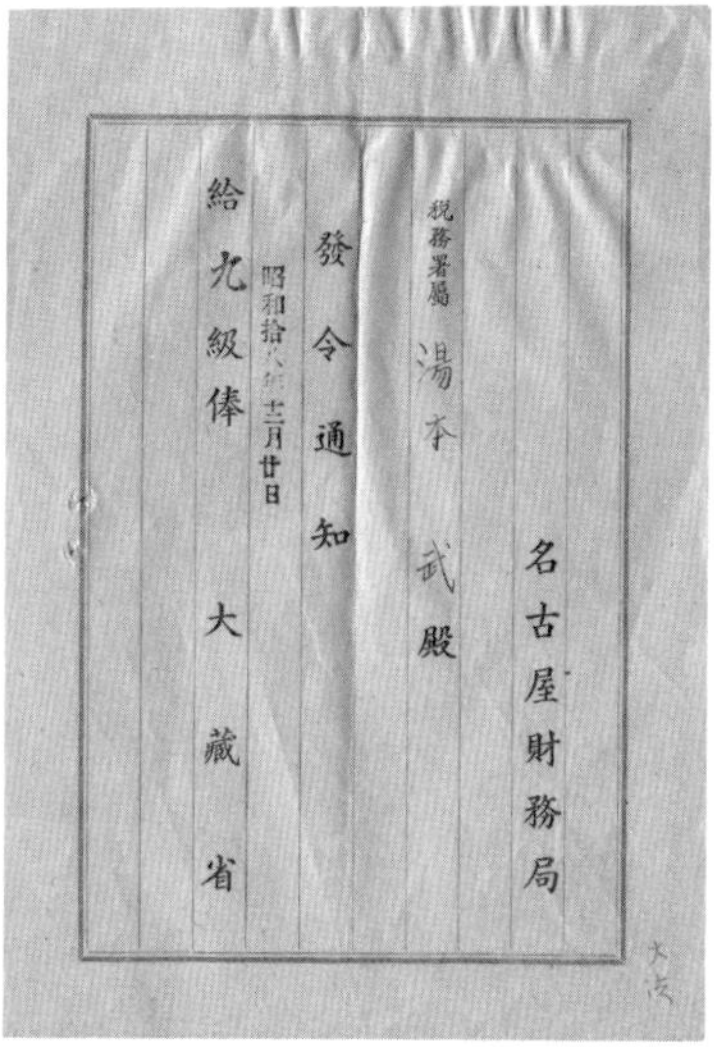

名古屋財務局

税務署属 湯本 武殿

發令通知

昭和拾八年十二月廿日

給九級俸 大蔵省

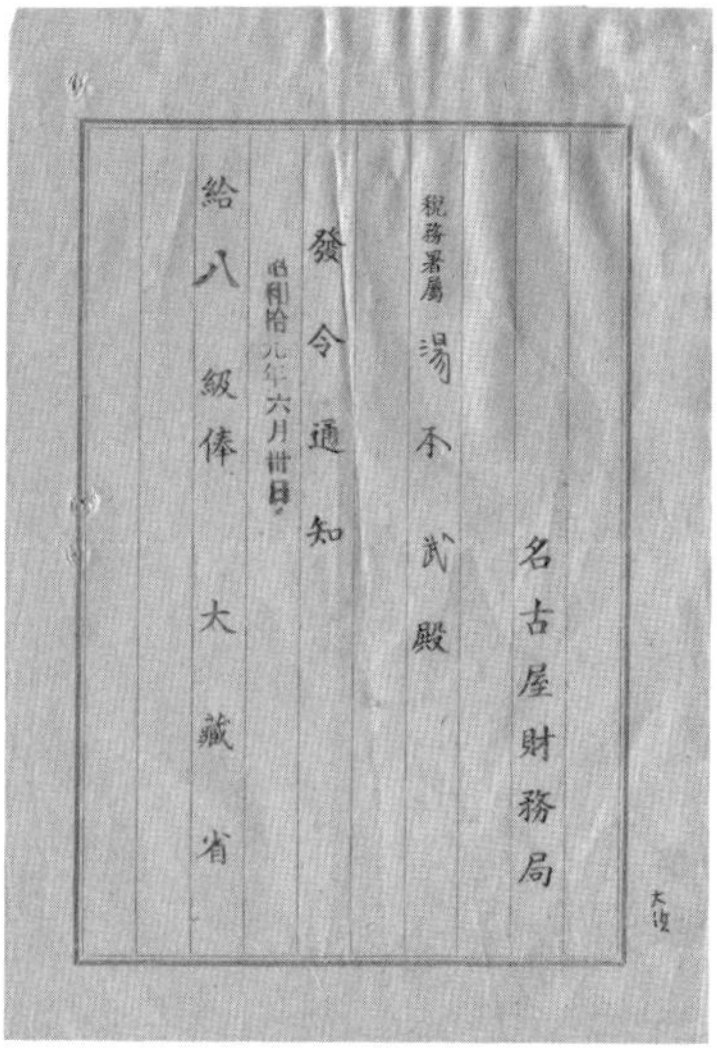

名古屋財務局

税務署属 湯本 武殿

發令通知

昭和拾九年六月卅日

給八級俸 大蔵省

日曜日は特に行く所もなく、また金もないので、二、三人で海岸でのハゼ釣り、夏は下宿生活者が集まって、海水浴場まで歩いて行くのが面倒なので役所の近くの海で泳いでいた。署長官舎が海岸に近い高台にあり、当時署長は単身赴任しており、その世話を小使夫婦がやっていた。小使が我々の泳いでいることを署長に話すと、時には昼食に「うどん」などを食べさせてくれた。金もなかったので大いに助かった。

夜は防波堤の岩場で黒ダイ釣りを時どきやっていた、大変むずかしいものであった。

勤務中も、夏は冷房施設がなくともかく暑いので、署長の判断で午後半数の一日交代で玉津浦海水浴場で海水浴をやらせてくれた。半数といっても、我々若い連中は課長・主任を残し毎日通っていた。中野署では予想もできない、おおらかな勤務状況であった。また独身者が多く、あらゆる物資がなく不自由であったが、これが普通であるという感覚で、出張日以外は下駄ばきで毎日の勤務が楽しかった。五月の所得税調査委員会に備え二月から五月の繁忙期には、超過勤務手当ても出ないのに直税課員は夜遅くまで勤務したが、誰も不平を言う者はいない。私は属官では新任の最下位であったが、誰にも負けない仕事の量と速さに自信があった。

徴兵検査　昭和十九年五月

下高井郡下の町村に本籍のある大正十三年四月一日から大正十五年三月三十一日（特令により大正十四年度出生者が一年繰り上げされた）の間に生まれた者の徴兵検査（国民の義務）が中野町小学校の講堂で実施された。

越中フンドシ一本に統一され、綿密な体格検査がおこなわれた。

1　甲種合格
2　第一乙種合格
3　第二乙種合格
4　丙種（いわゆる不具者）

第二乙種合格者までが徴集され、兵役に就くことになる。

私は甲種合格であった。甲種合格は極めて少なく、名誉とされていた。平穏に村で検査を受けた約一二〇名のうち、甲種合格者は一〇名ほどと記憶している。

兵役

昭和十九年九月五日、現役召集令状により東部第五〇部隊（松本市）に入隊。

歩兵大隊連隊砲中隊に配属、新兵一同の体格、面魂等みな堂々としており、同じ甲種合格とはいえ、大変な差があり、自分の体格と比較して強いショックをうけた。

入隊一日目は、被服等の配布、所属班の指定、班ごとに一室であるから、室内の個人の居場所（カイコ棚の寝室兼私物の置き場所）の指定、内務の規律、上官の部屋、洗面所等各施設の案内説明があり、一応平穏に終了した。

翌朝から急変した。新兵一同起床ラッパと同時に起床、まず洗面をと、洗面所で歯を磨き洗面していたら、いきなり「貴様ら何しとる」と怒鳴られ洗面中止。ただちに全員集合させられ、寝具が整理されていない、室内の清掃が未了、服装の悪さ、態度の軟弱、古兵に対する態度、その他厳しくどやされ、新兵一同これはえらいところだと、つくづく思わされ、洗面どころではなかった。以後は、トイレも起床ラッパ前に行っておき、起床ラッパを待って起きる状態で、服を着るのも競争、火事場の騒ぎのようで、朝礼までに掃除、整理整頓すべてを終了させなければならない。以来、起床直後洗面所に行けなかった。し

兵

たがって、満足に洗顔しない、歯などもちろん磨けなかった。私は憲兵学校へ入学するまで、歯を磨いたことは二、三度あったかどうかである。

室内に居るときも、自由に室内を出ることはできない。「誰々はどこどこへ行きます」「行ってきました」と大声で言わなければならない。あることで部屋を出たときに大急ぎに極めて簡単な洗顔、または演習中の休憩時間に小川等で汗を流す格好をして洗顔する、ひどいものであった。

古兵の命令は天皇陛下の命令で絶対服従、さからうことはいかなる場合でもできない、班内の一人が失敗すると班内の初年兵全員が制裁をうけることとなる。

服装は、上着を「じょうい」(上衣)、ズボンを「コ」(袴)、編上靴を「へんじょうか」と呼ぶ、スリッパを「えいないか」(営内靴)という。

初年兵教育は、「軍隊内務令」によって規定された内務班の教育から行われた。昼間の訓練のあと、食事の準備、後片付け、洗濯、つくろいもの、整理整頓、銃器の手入れ、上官、古参兵の分も含め、すべて初年兵がやらなければならない。

我々のときの内務班は二〇人ほどで一班としていたと思う。班長は軍曹で、その下に伍長が二人、この三人の下士官は別に居室がある。内務班に起居をともにするのは二等兵、一等兵、上等兵、兵長である。初年兵はもちろん二等兵である。この初年兵を日常的に教育（しごく）するのが一等兵以上の、通称古兵である。特に毎夜のしごきはすごい。徹底的に痛めつけ、これを教育と称した。初年兵の行動に難癖をつけることは簡単である。また、覚えさすには体で覚えさせることが一番早道ということで、殴りつけることである。

古兵の初年兵を殴りつけるのに平手で殴るのは優しいほうで、拳骨、さらには、軍靴をつぶした営内靴（スリッパ）の裏で殴る。運悪く鋲が出ていて頬に当たると、顔が血だらけになることがある。

銃剣の鞘で殴る。初年兵を向き合わせ互いに「対抗ビンタ」と称し、殴りあわせる。捧げ銃をさせたまま立たしておく。腕立て伏せを際限なくやらせる。そのうちにへばってくる。一番さきにへばった奴を蹴りつける。

私が初めて拳骨で力いっぱい殴られたときは本当に目から火が出て、額のあたりで火花が散った感じがしたものである。馴れてくるとだんだん薄れてきた。

ある同年兵が訓練中につまずいて転び、銃を手から放した。古兵は「おそれ多くも天皇陛下からお預かりした兵器を投げだした」と言うなり、両頬を何べんも倒れるまで張り飛ばされ、歯が何本かだめになったが、軍医の治療をうけることもできなかった。

日中は一日中演習で、動けなくなるほどしぼられる。室にいても休んではいられない。古兵よりの注意事項、演習の批判、罵倒、これが終わると、直ちに初年兵は室内の整理、掃除、銃器の整備、身の回りの整理、洗濯、もちろんこの作業は古兵の分も含まれる。その内に食事の準備の時間となり、食事の後片付け、そして消灯まで、食事前にできなかったことをやる。ともかく動き通しである。消灯になって寝るのが最高の楽しみである。しかし夜中でも、古兵のひとりの機嫌が悪いと、全員起床の号令がかけられ、整列させ、難癖をつけられどなられ、殴られる。やれやれこれで終わりかと寝ようとすると、いままで寝ていた古兵が起きてきて、「うるさくて寝ていられない、これは貴様らのためだ」ということで、また怒鳴られ、殴られる。このようなことが頻繁に行われる。

軍隊とは、あらゆる制裁的行為をうけても十分に耐えることができる強健な体力、精神力が絶対必要である。

同年兵は一般社会ではどのような生活をしてきたのだろうか、何を考えているのだろうか、自由などということは考えてもいないのだろう。

生きることの可能性についても迷いがあるのだろうか。もちろん何の情報もない兵隊でも藁にもすがりたい気持ちだろうが、やはり諦めきっているのだろうか。

上官の命令は天皇陛下の命令とし、いかなる困難も精神力で乗り越えるのが兵隊の義務とされている。

尽忠報国、滅私奉公という、子供のときからの強制された教育からくるもので、軍隊では命令は黒いものも白、白いものも黒と言われればそれに従わなければならない。軍隊には長幼の礼などはない。極端に言えば、一日でも早く入隊すれば古兵である。兵隊は一銭五厘と言われ消耗品として扱われ、ハガキ一枚（当時のハガキは一銭五厘）でいくらでも補充ができる。しかし、馬はそうはいかず、良馬になると一〇〇円程度となる。したがって兵隊は馬以下で、馬は極めて丁重に扱われた。

ともかく、一般住民の生活では予想ができない。自由など全然ない。考える余裕もなく、また考える必要もない。一日中古兵に怒鳴られ、殴られ、くたくたになるまでしごかれる。私は「これが軍隊というところだ、別社会なのだ、少なくとも初年兵教育中は、馬鹿になりきろう。これも経験だ、我慢しよう。また体力は初年兵の中というところだ。したがって、体力で参ってしまうことのないよう頑張ろう」と胸に秘め、自分の行き方をきめた。

昭和十九年十月二十七日、初年兵教育終了。決第六六六五部隊に転属、長野県穂高村有明陸軍練兵場に移動した。歩兵砲大隊、連隊砲中隊、第二小隊、第一班に配属。

部隊は防衛という特殊な部隊であるためか（当時すでに敵の上陸を予想していたのだろうか）、兵の転出・転入がなく固定しており、我々の後に新兵が入隊してこない。したがっていつまでも初年兵で、演習以外でも古兵にこきつかわれる変則な状態であった。

配属中隊には、我々現役兵のほかに補充班（現役で徴兵されなかったものが充員召集で徴兵された兵隊で、三〇歳、四〇歳過ぎの妻子のある人たちで、兵営では甥か息子のような二年兵か三年兵に制裁をうけていた）がいた。ほとんどが一等兵であった。

部隊の主任務は、敵の上陸に備えての防衛訓練である。防空壕掘り、タコツボを掘って各々が入り、爆薬を持って戦車に体当たりする。また、砲手は大砲を匍匐で引いて戦車に近づいて発射する、玉砕訓練である。

歩兵砲には連隊砲、速射砲、大隊砲があった。連隊砲は砲兵連隊の山砲と同程度の重量のある大砲である。

アメリカ軍に当時、最新式のM４という最重量の戦車が出現した。日本には対戦車砲として速射砲があったが、この砲では対抗できなくなり、かわりに我々の連隊砲が対戦車砲として使われることとなり、速射砲並みの訓練が重点となった。従来は一般の歩兵の戦闘を後方から支援するために発射するのが本務であったが、作戦が変わり、一般歩兵並みに最前線に出ることとなったのである。

入隊以来、新聞は見たことがない。敵の情報はもちろん我が国の軍隊並びに民間の状態など全然知らされない。連日の演習、食後の休憩時間は身のまわりの整理、古兵と自分の洗濯、大砲の分解整備、馬の手入れ、休む暇など全然ない。連隊砲中隊であるから大砲がある、馬がいる、行軍の際は馬が大砲を運搬するので楽のように見えるが、それは行軍の時だけで、戦闘になると、御兵（ぎょへい。馬を扱う兵）と馬は後方に下がる。戦闘中は砲手（私は砲手であった）が匍匐で砲を搬送し発射する。また、車の通らない山岳などの搬送は分解して搬送する。その際、部品によって、また体力によってひとりではとうてい動かせない部品がある。とくに砲身はふたりでかつぐのであるが、これをできる者は何人もいない（私は取りついても動くと腰がふらついて歩くことができなかった）。ともかく体力だ。したがって、分解搬送となると砲手同士で部品の取り合いとなり、要領が悪いと重い部品が残り、取りついても動きが悪く、古兵に怒鳴られ、殴られる。同年兵でも自分のことでいっぱいで、助けることなどは考えられない。

対戦車肉攻訓練

挺身隊は軽装で、携行資材は破壊爆雷、手榴弾など白兵兵器である。演習は暗夜の行動に慣熟することが必要である。また、タコツボにひそみ、敵戦車の下に爆薬を抱えて飛びこむ肉攻訓練。

連隊砲の訓練

偽装、遮蔽、匍匐、砲を引いての匍匐、射撃の向上、必中主義、対戦車肉攻と対戦車火器との連携、戦機の看破、陣前の捜索、警戒監視、夜間の行動の慣熟。

体格は抜群によいが歩兵操典、衛兵規則等の暗唱のできない兵隊が多かった。各班には御兵二人と馬が二頭いたが、この御兵の程度がとくに悪かった。なかには、書も満足に読めない者もいた。したがって、衛兵（連隊の門を守る極めて重要な任務）の順番が中隊に回ってきても、これら兵隊は使えない。限られた兵隊となり、任務に就く場合は大きな顔をしていたものである。また、補充兵は使われなかった。

御兵も班の兵隊であり、また、厩舎の手入れなどを御兵だけに任せていては、朝の点呼に間に合わない、したがって班内で順番をきめ、御兵の手伝いである。朝起床ラッパと同時に厩舎に走り、馬の敷き藁を外に出して（敷き藁と馬糞を素手で抱えて出す）干す、厩舎の掃除、馬体を拭く、蹄の手入れ、他班と競争である。これで朝の点呼に間に合わせる。

御兵は大砲のことは全然わからない。また知ろうともしない、関係がないような顔をしている。

部隊の行軍演習中の休憩も、一般の歩兵中隊は自分の銃だけを持って腰を下ろして休めるが、連隊砲中隊はまず馬を休ませるため、砲車を馬からはずし馬に水を飲ます、馬体の汗を取ってやる、蹄を点検する。もちろん初年兵全員で分担してやるが、終わる頃になると「出発用意」の号令により、また馬に砲を取りつけねばならない。休む時間は全然ない。休むのも馬が優先である。これが馬を扱う兵の実態である。

昭和二十年四月十日

千葉県印旛村へ移動した。中隊本部は小学校の校舎の一部に入る。我々の班は学校の近くの寺の堂のような所に宿営した。

普段の演習はなく、丘のような低い山に横穴掘り作業を毎日続けた。敵の上陸に備えてのことと聞いていた。

昭和二十年六月十五日

軍隊に永くいるつもりはなく、幹部候補生の希望も全然ない。班長よりの伝達で憲兵学校への入学試験があることを知り、種々検討すると下士官試験は職業軍人的で除隊はまず望めない、兵は除隊ができる、私の体格から連隊砲中隊は無理と判断して受験を決めた。

願書を出すに当たり、内務班の曹長が「この隊から逃げ出すのか」と怒り、書類を受け取ってくれなかった。所属の班長からも曹長に頼んだが、認めてくれなかった。班長が小隊長に口添えを依頼し、小隊長が曹長を説得し、ようやく願書を受け取ってくれた。第二小隊にもひとりの志望者がいたのでふたりとなった。

第一小隊長は「こうなったら絶対に合格せよ」と激励、毎夜小隊長の用務を手伝うという名目で小隊長の部屋に呼ばれ、猛勉強が始まった。

六月十五日千葉市で受験し、合格した。第二小隊の兵隊は失敗した。

昭和二十年七月十五日
全国にただ一校の憲兵学校（東京都中野区）へ入校した。

中野駅の高架橋から中野区を見ると、見渡す限り焼け野原。満足な家屋はみられなかった。コンクリートの残骸と焼けたトタン板が目についた。不思議に憲兵学校だけは無事。

規律・勉強・実技などは極めて厳しいが、一般部隊とは全然異なり、生徒そのもので勉学に専念すればよかった。午前はほとんど講義（憲法・民法・刑法・その他）、午後は実技（拳銃の操作・逮捕術・刀の操作・同僚との連携方法・その他）が多かった。

夕食後は特別な教育を除き自由時間であるが、各人は自習にあて、競争意識をあらわにして猛烈な勉強であった。私はあまり熱心ではなかったような気がする。自習中にタバコを吸っていて、教官に何度か注意されたことを覚えている。

生徒は約一五〇名、一等兵が大部分であったが、中に上等兵が三名ばかりいた（卒業すると全員が憲兵上等兵である)。たびたび空襲に遭い、防空壕に逃げこんだ。たまたま昼間、刀の操作中に空襲に遭い、機銃掃射を受け、全員大慌てで防空壕に飛び込んだ。そのとき他人の刀が私の額に当たり三センチばかり切れた。この傷が三年くらい長く残った。防空壕でも直撃弾をうければ全員がだめだ。それはみな覚悟していた。夜の空襲は何も持たないでうす暗い防空壕に飛び込むが、ほとんどの生徒は、昼の訓練と夜の勉強の疲れで、空襲が終わるまで眠っていた。

八月に入ると、「現在教育中であるが特令により朝鮮の憲兵隊へ半数以上が派遣されることとなったので希望者は申し出よ」という指令が出た。しかし当時、朝鮮海峡も極めて危険な状況にあることは、それとなく全員が知っていた。それもあってかひとりの希望者もなかった。学校としては派遣しないわけにはいかないので、「試験を実施し、その順位によって学校が人選する」という指令が出た。

大変なことになった。全員が行きたくない一心で、さらに猛勉強にかかった。私ものんびりしてはいられない思いで心を入れ替え、勉強にかかった。

試験の結果、残った生徒は四八名で、外は朝鮮行きと決定した。私は運良く四八名の中に入った。決定した当時、私は「取締責任者」(生徒を代表し、生徒を誘導、引率、指示、伝達する任務をもつ)をやっていた。

残留者四八名を指揮して朝鮮行きを見送った。一〇〇名を越える生徒を送ったが、残留者はおそらく、すまないという気持ちでいっぱいであったと思う。行く者、残った者全員笑顔ひとつ見せない、寂しい歓送であった。

四、五日後の情報によると、輸送船が魚雷にやられ一〇名程度が助かり朝鮮に上陸したが、全員戦死ということであった。

八月十五日、私に「生徒全員校庭に集合せよ」という命令があり、校庭に集合し、教官以下全員が終戦の玉音放送を直立不動の姿勢で聴き、涙を流した。

終戦の放送後直ちに配属先を命令され、我々五名が長野地方憲兵隊本部付となった。配属先などの処置の早いのには驚いたが、さすが憲兵隊である。おそらく、一日前程度には解っていて、事務手続きを済ませていたものと思う。

ともかく今日の内に出発せよという命令で、大混乱のうちに身の回り品を整理し、同室の生徒とも満足な別れの挨拶もなく、同校をあとにした。

上野駅発の夜行列車に乗った（乗車券は公用の書類を持っていると無料）。アメリカ兵はまだ上陸していないが、人心が不安定な状況であるから、憲兵学校の生徒とわかるような物は持参するなという命令であった。乗車中まったく情報が入らないので、どのようになるのか不安で胸がしめつけられるようであった。五名は寡黙で、おそらく同様の思いであろうと推察した。というのも、敵が上陸してまず最初にやられるのは憲兵であるという噂が学校を出るときにあった。

熊谷駅に汽車が停車、市内全域が前日の空襲で手の施しようもなく盛んに燃えている最中であった。市民はどうしているのだろうか、これでは戦争に負けるのがあたりまえだと思った。我々五名を含め、汽車に乗っている全員がただ涙を流し、茫然と見つめるばかりであった。その中を汽車が静かに走りだした。

明け方ようやく長野駅着、駅員に聞くと、長野地方憲兵隊本部は長野図書館にいるとのことで、道々聞きながらたどり着くと、すでに移駐し、現在は善光寺の納骨堂ではないかということで、また暑い中を歩き納骨堂の下の庭に着いた。納骨堂の階段の下に兵隊が二名立っていた、そこが本部であった。階段の中は地下道のようになっていて、納骨堂の地下まで続いていた。入口近くに事務室があり、電話、無線、その他の器具が置かれ、下士官が事務を執っていた。

事務室の奥に下士官以下の寝台が納骨堂の下まで続いていた。将校は民間の家を借りて居住し、本部に通ってくる。

納骨堂の一階は骨箱を片隅に整理し、兵器・被服・その他諸道具が占めていた。

着任しても、本部自体が混乱していて、将校として准尉がひとり居るだけで、ほかは下士官以下である。他の将校は一名も出てこなかった。新任の我々は特にやることもないので休んでいた。夕方になると下士官以上を除き、兵は一時帰郷を命ぜられた。帰宅先の住所だけを書いて帰宅した。

終戦が十五日で翌日の十六日に帰宅したのは、おそらく憲兵だけだと思う。これも特殊任務についていたためで、憲兵は占領軍にどのような処遇をされるか危険であるから早く帰れということであった。しかし、八月二十五日に憲兵隊本部から直ちに帰隊せよと命令があり、帰隊した。

九月三日、諏訪憲兵分遣隊に配属、分遣隊は駅前の諏訪図書館に駐留していた。隊長は中尉、下士官一名、兵は私を含めて五名であった。諏訪地区に一般部隊がいたので、その取り締まり等が主任務であった。

人の集まる駅で見張りに立ち、乗降客を監視し、兵の動作・態度・服装等の悪い者に注意を与え、さらに逃亡兵を捕捉する、駅取締（略称「駅取」と言った）を行う。

古い憲兵上等兵となると、将校でもこちらが敬礼して将校が答礼しないと、うむを言わせずその将校を分遣隊まで連れてきて、憲兵上等兵では取り調べができないので憲兵将校におどしをつけてもらう、その程度のことをやるすごい奴もいた。

民間では食糧品を始めすべてが不足し、一般にひどい生活であったが、分遣隊では何の心配もなく、物資は裏の倉庫に食糧品その他が十分に保管してあった。また、不足すると諏訪地区に居る一般部隊に連絡すると、何でも運んでくれた。

食事は近くの民間の婦人に依頼し、そこへ食べに行った。当時は通貨より物資（米を主とした食品）がものを言うので、物資を与えてやってもらっていたものと思う。あるとき、婦人が「燃料が不足している」というので部隊に連絡すると、一般兵の伍長が兵隊を使って車に薪を積んで運んでくれて、庭で割ってくれたことがあった。

当時ガソリンを自由に使えるのは、憲兵分遣隊だけであった。諏訪湖のボート屋に少しくれてやり、ボートを借り、諏訪湖を乗り回したことがあった。

一般部隊が解散しつつあり、物資の処分に当たり民間の闇商人が介入する場合があり、その取り締まりを行った。民間人を拘束して分遣隊に連れてきたことも何度かあった。調べるのは下士官以上で、兵はその補助である。

昭和二十年九月十日現役解除、分遣隊も解散した。物資（砂糖・菓子類等）を持てるだけ持って帰郷した。弟たちは甘い物などは食べたことがないので喜んでいた。

復職（昭和二十年九月十日）

前記兵役の終わりに記したように、終戦八月十五日の翌日十六日に帰宅した。これを除隊と解し、大浜税務署へ手紙で連絡したところ、八月二十四日に「八月十八日付で復職」の辞令が郵送されてきたので着任しようと準備していたら、翌日の二十五日に憲兵隊本部から直ちに帰隊せよとの命令があり帰隊した。同時に大浜税務署へ帰隊した旨の手紙連絡を行い、辞令の撤回をお願いした。したがって、正式の除隊は九月十日である。

昭和二十年九月十五日に大浜税務署に出署し、改めて九月十日付の辞令を受領した。したがって、復職辞令は二通となっている。

住所はいちおう、兵役前の下宿になんとか頼みこんで一カ月ばかり住んでいたが、下宿の子供が大きくなったのでという理由で下宿を移転した。移転した下宿も翌年一月には食料事情悪化のため食事の世話ができないということで、下宿を出されることとなった。行く先がなく途方に暮れていたところ、署長が「食事は自分でなんとかするなら署の宿直室に入ってもよい」と言ってくれたので、宿直要員として宿直室に落ち着いた。しかし、食事の問題があった。当地に顔のきく先輩が駅前の大正館食堂に交渉し、朝・夕の二食をなん

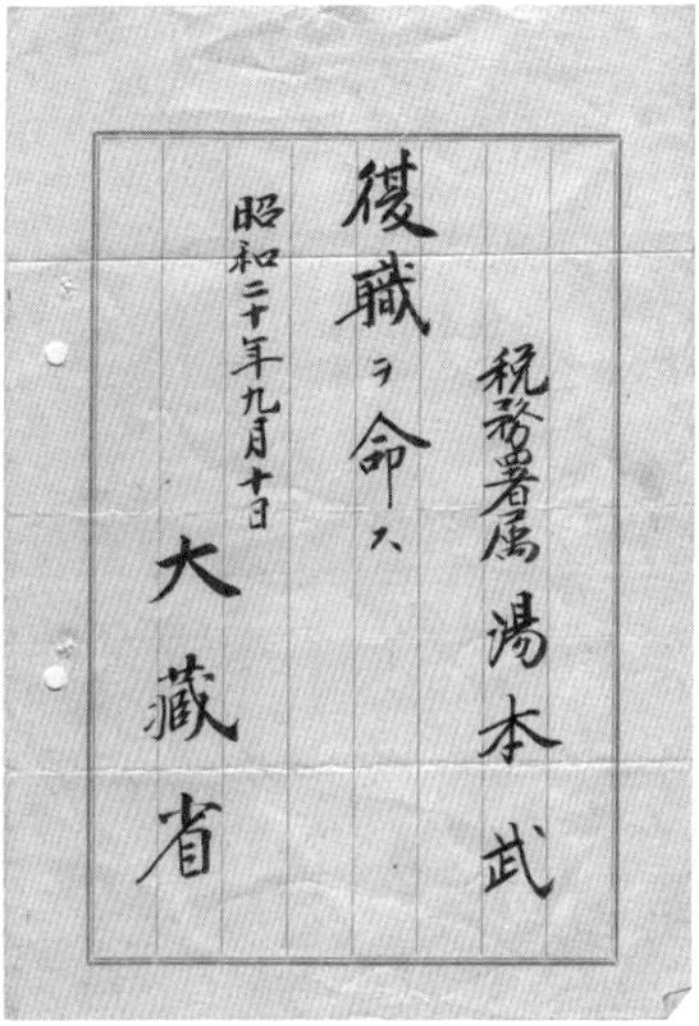
税務署属　湯本武

復職ヲ命ス

昭和二十年九月十日

大蔵省

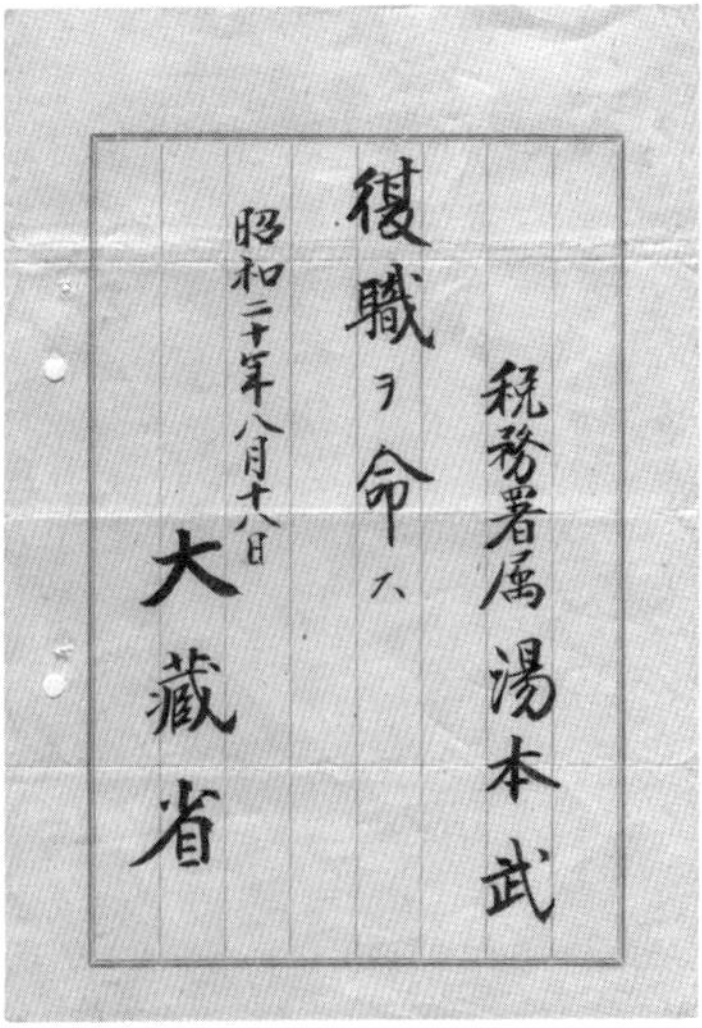
税務署属　湯本武

復職ヲ命ス

昭和二十年八月十八日

大蔵省

とかやってくれるということとなり、これでなんとか生きていけると思った。

駅まで片道約一〇分を要し、毎日朝・夕通うことは大変だったが、やむを得なかった。

食糧事情がますます逼迫し、「いも飯」「豆飯」「雑炊」が普通の茶碗に軽く一杯で、おかずは毎日雑魚が少量で、空腹の毎日であった。

昼食も大変で、食堂に行っても何がでるかわからない。金がないので高い食堂には行けない、安い所をみつけて、ともかく腹に入れなければならなかった。遅く行くと売り切れで、何も腹に入れるものがなかった。

昭和二十一年になると、先輩・同僚が続々復員してきた。私のように故郷が遠方の独身者も当然いた。松本出身の三沢さん、豊川出身の菅沼さん、ふたりとも先輩であるが、下宿の見込みがないということで、私がひとりで入っていた宿直室に入居してきた。六畳間であったので、ようやく三人で寝られるという状態であった。

私は朝・夕の食事を契約していた食堂を止め、三人共同で自炊を始めた。三人の配給品は小使さんに一切まかせて取ってきてもらう、役所での自炊である。現在では予想もつかない。燃料は役所のものを使用することを黙認してもらう。用具は各人の茶碗・箸程度で他は何もなかった。炊事用具を揃えることがひとつの難問であった。金物の釜、鍋などはどこにも売っていない。当地方は土器の産地で、土器の釜・鍋・コンロは統制品でないの

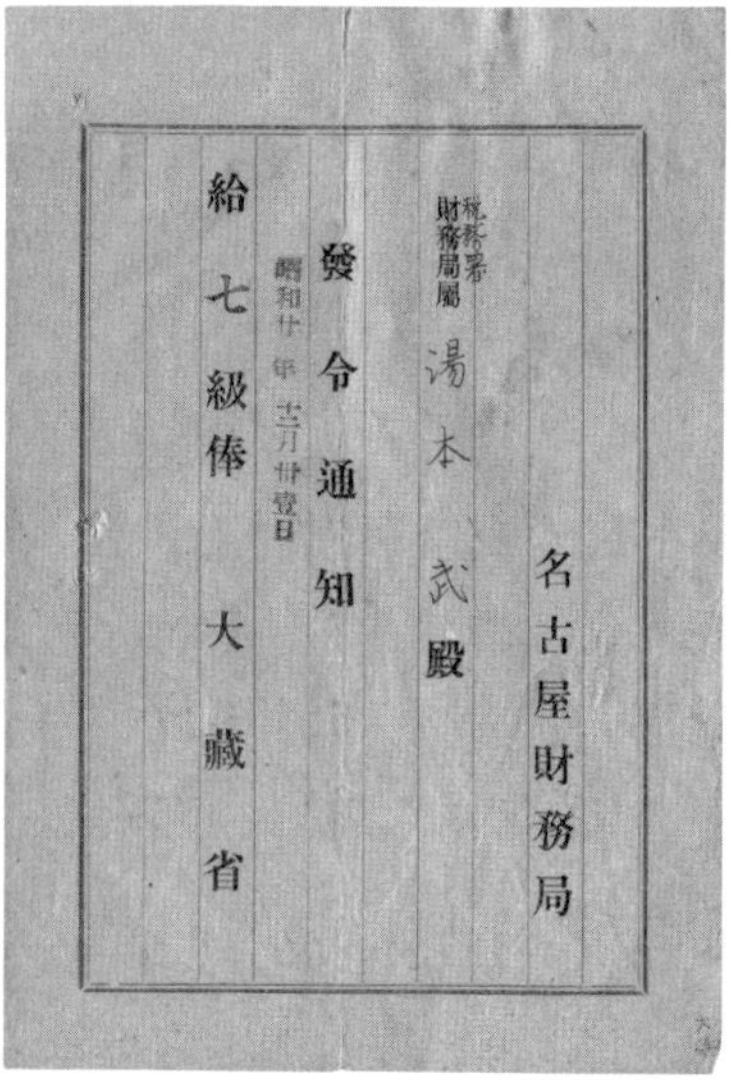
名古屋財務局
税務署
財務局屬 湯本武殿
發令通知
昭和廿年十二月廿壹日
給七級俸 大藏省

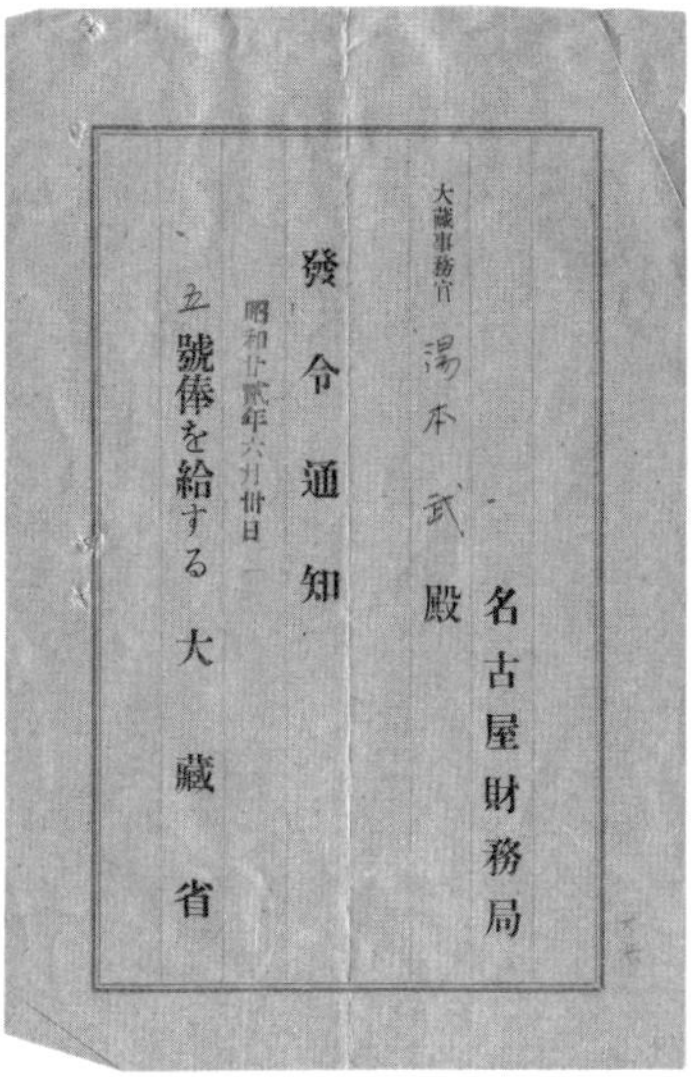
名古屋財務局
大藏事務官 湯本武殿
發令通知
昭和廿貳年六月卅日
五號俸を給する 大藏省

で売っていた。それを三人で買ってきて使用した。

釜・鍋などは何度もヒビが入ったり割れたりして、三人が交代で買いに行った。ほかこまごましたものは一時役所のものを使用したり、役所の近くに小使さん夫婦が住んでいたので、頼みこんで借りたりし、徐々にそろえた。

共同生活は物資不足のため、困難を極めた。配給の食料品だけでもちろん足りるはずがなく、また若い三人である。さらに、昼食は食堂でなんとか済ましていたが、その食堂も二十一年の春ごろから闇の食糧が入手困難のため廃業した。したがって朝・夕二食を何とかやりくりしていたものが、こんどは三食分を調達しなければならなくなり、ますます大変なこととなった。

帰省（盆・暮の二回）のつど米を持って帰ったが、もちろんそんなもので足りるはずがない。

取り締まりが厳しく、汽車の中でも警察官が荷物の取り調べに回ってきた。米を多量に持っていると、闇商売と見做され没収された。仕事がなく食料不足のため、米を都会に運び利益を得て生活している人がいた。その取り締まりに警察官がやっきになっていた。

署長が時々「うどん券」を三人にくれたが、この券は署長が農協長と酒と交換したものと思う。この券を持って農協の窓口で、現品を何度も受け取ったことがあった。

また、季節には、直税課長に農協の野菜集荷所の責任者に話しをつけてもらい、「かぼちゃ」を分けて（実際は横流し）もらった。早朝暗いうちに起きて三人交代で、自転車で往復二〇キロメートルの道を買いに行った。砂利道を荷台の重さに苦労しながら、出勤時間までには帰ってきたものだ。「さつまいも」などは主食の貴重品であり、これも三人で苦しまぎれに、闇買いに行ったものだ。

調味料がまったくない日が続き、やむを得ず三人で所得調査委員で味噌・醤油の製造業をやっている委員に頭を下げ、闇値で調達したこともあった。

三度の食事は毎日雑炊で、米少量にさつまいも・かぼちゃ・大豆・野菜などいずれかが大部分を占めていた。それでもドンブリ七分目程度で、ほかに副食は全然なしである。また、日によっては「さつまいも」一本の時もあった。

雑炊も味噌・醤油の調味料が入っていれば最高で、ほとんど塩味の雑炊である。たまには栄養を付けなければと、三人で船着き場（市場）に行き、「いわし」等の小魚を漁師に分けてもらってくることがあった。昼に三人で中庭に「コンロ」を持ち出し、魚を焼きながら食べたことがあった。飯がないので、それが昼飯である。煙りが事務室に流れ込み職員に笑われたが、苦情を言う人はいなかった。当時は誰でも食べることに苦労しており、また私たちのことは誰でも知っており、「頑張れよ」とあたたかく見守ってくれているような気がした。私たちとしては、かっこうをつけては生きていけない。しかしおおらかで、平和な時代であった。

一度だけだと思うが、勤務が終わり三人で部屋に帰ってきて、夕食の材料が何もないことに気がつき途方に暮れた。考えてもどうしようもない。やむを得ず、三人で近くの小使のおばさんに頭を下げ、なんとか「さつまいも」を少量分けてもらい、その夜を過ごしたことがあった。

日曜日は金もなく、遊びに行くことはできない。夏などは三人で一日中近くの海（役署から約五〇メートル、海水浴場でないので誰も泳いでいない）で泳いでいた。日によって昼ごろになると小使のおばさんが署長が呼んでいるということで、署長官舎（官舎が海岸近くにあり、二階から海が見える。署長は単身赴任でおばさんが一切面倒をみていた）へ行き、昼食に「うどん」を御馳走になった。三人とも涙が出るほどありがたく思った。

ともかく明日の食事をどうするかが、常に頭から離れない時代であった。

しかし、三人とも屈託がなく明るく振る舞っていた。勤務時間中は元気いっぱいで仕事をしていた。しかし、時々課長に三人で小さい声でことわり、食糧の確保に外に飛び出していた。このように仕事をさぼることもあったが、他の職員に比べ仕事が遅れることは絶対になかった。署長、課長には信用され、ある程度便宜を計ってもらっていたものと思う。

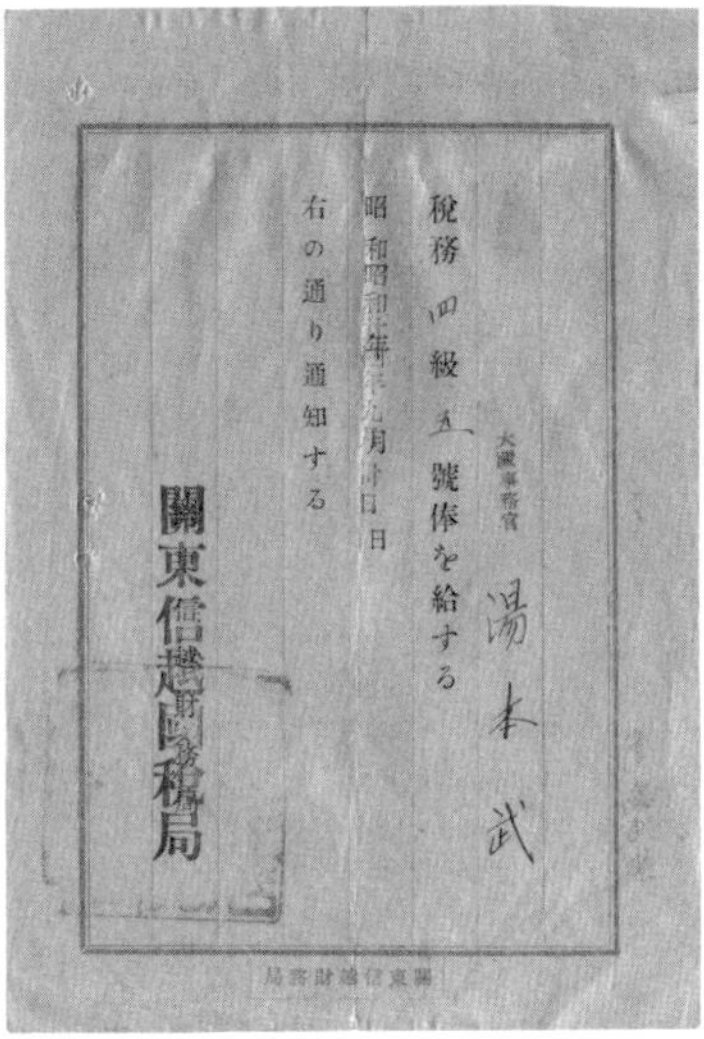
大藏事務官　湯本武
税務四級五號俸を給する
昭和　年九月廿日
右の通り通知する
關東信越財務局

關東信越財務局

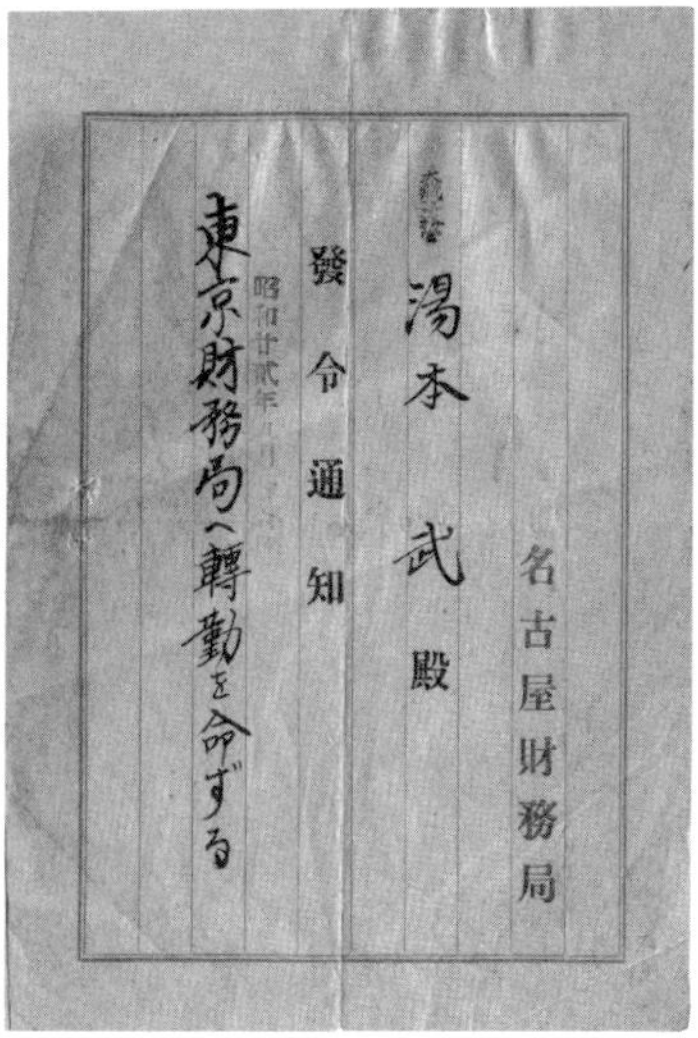
名古屋財務局
湯本武殿
發令通知
昭和廿貳年　月　日
東京財務局へ轉勤を命ずる

信濃中野税務署へ転勤（昭和二十二年九月二十六日）

相変わらずの物資不足。着るもの、履くものなど売っている店は全然なく、ただし金があれば闇でなんとか買えたが、金があるはずがない。私を含め大部分の職員は出張するとき以外は下駄履きで、その下駄も木の板に自転車のタイヤの古を着けたサンダルである。服は年配者以外は、復員のときに持って帰ってきた軍服が多かった。私の靴は憲兵のときに履いていた長靴の上の方を半分に、靴屋で切ってもらって履いていた。半長靴である。しかし、何と言っても食べることが第一で、ますます食糧事情が悪くなり、その調達等に疲れはてていた。役署の空気は実に良かったが、署長に故郷のほうへの転勤希望のお願いを出しておいた。

二年目にようやく転勤となった。転勤の理由は食糧事情だけでなく、私の兵役が憲兵のため、いずれ公職追放となり辞めることとなるので、辞めるのは故郷のほうがよいということが最大の理由のようであった。

公職追放指定（昭和二十二年十二月二十八日）

ついに、官報に追放指定が登載された。私は辞めるつもりでいたところ、署長は「辞めるつもりなら、認められなくてもともとであるから、異議申し立てをしたら」ということで、署長の紹介で大蔵省の担当者を尋ね、書き方を教えてもらった。

当初書いた物を見てもらった。「あくまでも命令によって憲兵となったことを強調しなければだめだ」ということで、修正してもらった。

大蔵省へ行くために四ツ谷駅を出て眺めると、一面が「ガレキの山」の焼け野が原で、建物らしきものは何もなく、悲惨な状況であった。しかし、大蔵省の所在を駅員に尋ねると、遥か遠方に建物らしきものが見られた。それが大蔵省だと言う。ガレキの道をその建物を目当てに歩いて行くと、「焼けトタン」を屋根がわりに人が住んでいるのがみられた。こんな焼け野が原にどのようにして生活しているか、不思議に思った。

当時はまだ交通事情が極めて悪く、一日で東京へ往復することはできなかった。宿泊する場所の当てもなく、無鉄砲に行ったものだった。家は朝早く出たが、東京に着いたのは三時頃であった。この時間では大蔵省に着けないと思い、交番で「旅館が近くにないか」

ときいたが、「わからない」という返事であった。こまった挙句、秋葉原駅の付近に全国農業共同組合中央会があり、そこに柴草君と平野君が勤めていることを思い出し、駅の付近を時間をかけて捜し、勤務時間ぎりぎりにようやく見つけ、尋ねていった。幸いにもふたりがいた。当時は他人を泊めることなどはとうていできないほど、自分自身のことで精いっぱいであった。無理はわかっていたが頼み、ふたりの寮に泊めてもらった。ふたりは歓迎してくれた。本当にほっとし、涙が出るほどありがたかった。

異議申立書提出（昭和二十三年一月二十四日）

大蔵省の担当者に補正してもらった異議申立書を和文・英文の二通作成し、総理大臣片山哲ならびに連合国総司令官宛に提出した。

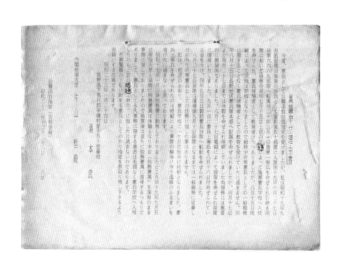

異議申立理由書

今度、憲兵として公職追放の仮指定を受けましたが、私は昭和十九年九月五日現役兵集の歩兵として東部第五十部隊に入隊同十九年十月二十七日伏第六六六五部隊へ転属同二十年三月一日陸軍一等兵を命ぜられ引続き同隊において服務中同年七月十五日上官の推挙によって陸軍憲兵学校へ入校を命ぜられ、憲兵候補者として教育受けつつありましたが、八月十五日終戦によって同校は閉校となりましたので戦時中何等憲兵としての一般職務に服することなく憲兵候補者としての教育を受けていたに過ぎません、同年八月十五日長野地区憲兵隊本部へ配属を命ぜられましたが、同月十七日より同月二十七日までは休暇を命ぜられ帰郷していました為服務には実質的に無関係であります。八月二十七日電報によって帰隊を命ぜられ原隊に復帰いたしました。九月一日に憲兵上等兵を八月十六日付命ぜられている旨をうけ、同年九月三日諏訪憲兵分隊へ転勤を命ぜられました。

八月二十七日原隊に復帰後九月十日除隊となるまでは一般職務に従事したのみで何等憲兵としての任務に服した事はありません。

私は、前述のとおり、憲兵学校に一ケ月在校中に終戦となりました。憲兵上等兵を命ぜられたのは終戦により軍隊の解体に伴う進級のふるまいを受けたに過ぎないと思っております。

昭和十七年二月以降税務署に勤務しておりましたところ同十九年九月五日現役入営と同時に税務署員は休職となり本官（税務署属）を保有のまま軍務に服しておりましたので除隊後は直ちに税務署属に復帰するつもりでありまして、憲兵として永久軍務に服する意志は毛頭なく憲兵学校へ入校したのも上官の慫慂（命令）に服したに過ぎないのであります。

右御賢察の上私に対する憲兵としてのかり指定を御取り消し下さるようお願いする次第であります。

昭和二十三年一月二十四日

長野県下高井郡平穏村第千五十壱番地

湯本　武

内閣総理大臣　片山　哲殿

公職追放指定（官報掲載）

昭和二十二年十二月二十八日

Page. 1

A. PERSONAL

1. Position:
   a. Position for which you are under consideration.
   (In case of a candidate for public election. the kind of election and the electral district.)

   ~~MO~~
   NONE.

   b. All positions which you hold (with Civil Service Grade specifying duties and responsibilities involved.)

   HOLD A POST IN THE NAKANO TAXATION OFFICE IN NAGANO-PREF. (KEN) AND SERVE IN DIRECT TAX SECTION AS THE 3RD CLASS SECRETARY.

2. Name: TAKESHI, YUMOTO.

   (Surname) (First and Middle Name)

3. Other names which you have used or by which you have been known (alias or pen name):

   NONE.

4. Date of Birth:

   JULY 21ST, 1924

5. Place of birth: NO. 3051, HIRAO-MURA, SHIMOTAKAI-GUN NAGANO-PREF. (KEN).

6. Height: (meter)

   ~~1.62 meter~~ ONE HUNDRED AND SIXTY-TWO CEN-TI-METERS IN HEIGHT.

7. Weight: (kilogram)

   ~~58 Kilogram~~
   HAVING THE WEIGHT OF FIFTY-EIGHT KILOGRAMS.

公職追放解除（昭和二十三年五月十二日）

追放指定はされたが、異議申立中であり決定ではないので勤務は続けていた。五月十二日、大蔵省の荒巻様より解除された旨の電報が届いた。官報には公職追放解除の旨が登載された。これによってようやく一般人と同格になった。

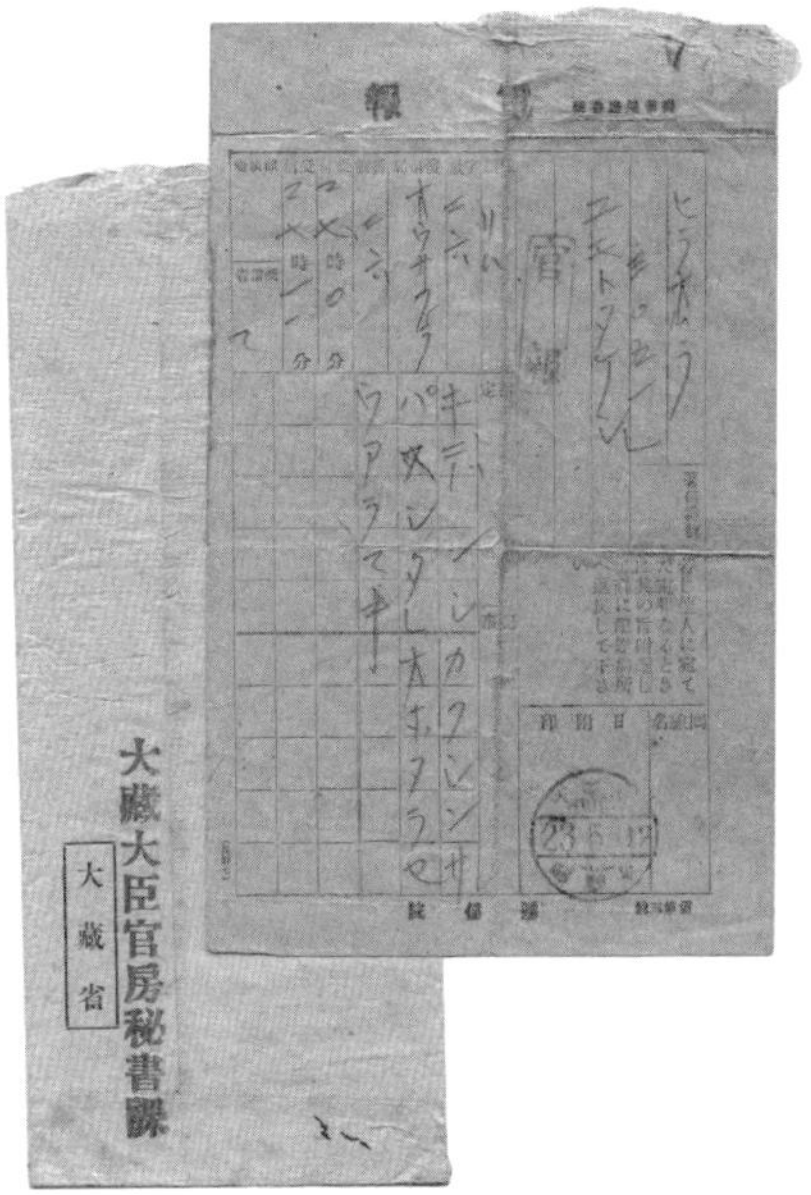

反税運動（昭和二十四年〜二十五年）

私の年齢は二五、六歳。被占領国であった。アメリカのシャープ勧告により、従来の賦課課税制度は非民主的であるということで申告納税制度に大きく変更されたが、過渡期で混乱の時代であった。さらに、物凄いインフレで、終戦以来、年に二〇%〜三〇%の物価上昇で、納税者が激増した。特に従来、農業所得者の納税者は極めて少なかった。しかし、統制経済下では、その統制経済を上手に利用した、いわゆる表面に出ない闇所得というべきものが発生した。食糧事情から、特に農業にそれが顕著であった。税務当局は農業所得標準の作成により比較的簡単に農家に課税することができたので、それこそ全農家が所得税の納税者となった。

申告納税制度となったが、税務当局はもちろん、納税者も依然として従来の賦課課税の考え方が残っており、農業所得者によって申告されたものは税務当局によってすべて更正処分した。農業以外の営業等についてもある程度の更正処分をしたが、農業所得ほどではなかった。

したがって反税運動の主体は農業団体で、その指揮をとったのは左翼的な人たちで、うまく政治に利用された面があり、従来の農業団体の指導者はそこに入る余地はなかった。指揮者（煽動者）を先頭に毎日、町村交代で七〇名、多いときには一〇〇名前後の団体で税務署に押しかけた。しかし、事務室には絶対入れないよう、全職員で防衛した。課長が玄関に立って説明しようとしても、興奮した団体であるから「罵詈雑言」を吐き、話しにならない。また職員が分担して、課長に危害を加えられないよう回りをかこんで見張っていた。デモが帰るまで、全職員は仕事に着けなかった。

何回ものデモで税務当局との集団交渉にもちこもうとしたが、個人の所得を団体交渉によって処理することはできないと頑強に応じなかった。

その結果、農民全員が指導者の指示によって異議申立書を提出してきた。

異議申立書は団体で統一されたもので、はなはだ幼稚な書類であった。この異議申立書を処理するため、連日出張して調査事務に従事した。

当時は経験者が少なく（戦死または未復員）私ら二四歳から二五歳程度のものが指導的な立場にあった。係長（約四〇歳）の次が我々であった。私も若いが、さらに若い職員をつれて戸々の納税者宅に行き、調査に従事した。調査の原則は各農家宅を職員がひとりで訪問して実態調査するのであるが、その農家に行くと指導的幹部を含め五人から一〇人ほどが集まってきて「立ち会いさせろ」「調査のやり方を参考にする」「この家の応援にきた」

「調査の態度が悪い」「夜ひとりでは歩けないぞ」「住所はどこだ」などと脅す。「調査の邪魔になるからみな帰れ」と言うと、「俺たちはこの家に用事があってきたのだ、帰れとは何ごとだ」などと大声をあげ、暴言を吐き、脅迫し、ともかく調査をさせないことが目的なのだ。

こちらはひとり、相手は多勢、身に危険を感じることもあった。これが毎日である。時には、連合軍総司令部（ＧＨＱ）から兵隊がきてその妨害を排除し、我々の調査を見守ってくれたこともあった。

昭和二十四年秋、私が職員五、六名を引率し、旧下水内郡岡山村の異議申立書の処理のため役場に出張した。これは役場の税務係が「異議申立者を役場の会議室に集めておくから出張して調査してくれ」との要望があったためである。役場に近づくと二階の会議室の窓から顔を出し、大勢で大声で何かわめいている。私たちを牽制しているのだなと思ったが、無視して税務係の案内で会議室に入った。約七〇名くらいいた。依然としてざわついていたが、私は檀上にあがり、異議申立に対する調査にきた旨を述べ、「ひとりごと順番に調査するから名前を呼ばれた方は前に出てください。他の人は後方に下がって調査の邪魔にならないようにしていてください」と言うと騒然となって、「団体交渉だ」「話しが違う」と騒ぎ出した。それに対し説明したが聞きいれないで、「そんなことは聞いていない」

と言い張る。互いに大声でやり合っているうちに「馬鹿野郎」と言う発言が方々から出た。私も若かった。気力があった。無茶な歳だった。我慢していたが我慢しきれずに、「馬鹿野郎とは何ごとだ」と近くで発言した者をにらめつけた。すると今度は「目つきが悪い」とさらに混乱してきた。怒号、雑言が飛びかうこと約二〇分ばかり続いたが収まらない。調査を行う雰囲気ではなく、身の危険も感じられた。したがってこれでは調査は不可能と判断し、「この状態では調査できないので我々は帰らせてもらう」と言い、職員に帰るように指示し、傍らにいた役場の税務係に理由を説明し、興奮している人たちをかきわけてようやく役場を出た。我々に向かい悪態を言っているのが後方から聞こえた。

以上のような妨害行為・反税行為が数限りなく続き、ともかく大変な時代であった。

高崎税務署へ転勤（昭和二十五年六月三十日）

当時の高崎税務署は空襲で焼失し、旧高崎城内の陸軍兵舎の将校集会所を庁舎としていた。職員数約一二〇名、私は直税課所得税係（約五〇名）の碓氷郡担当の方面主任を命ぜられ、部下一〇名がいた。二六歳であった。

当然のことながら、会議室はなかった。打合せなどは庭に出て、立ちながら行った。テニスコート二面、それと同程度の庭、六角堂（戦死者の遺影を納める堂）、池、さらに裏は堀に囲まれ、堀の土盛りには桜の大木がつらなり、庭で花見ができるなど、さすが将校集会所の庭園であり、壮観で、相当広い敷地であった。

単身赴任であるから独身寮に入ったが、この寮は庁舎と棟続きの旧兵舎（兵器庫ではないかと思う）であった。四カ月ばかり入っていたが、隣の豊岡村（現高崎市に合併）に借家を見つけ、移り住んだ。

部下はシャープ勧告、経済の急上昇などにより、中途に採用された大学卒業者、税大を卒業したばかりの若者など事務に未熟な職員が多く、年齢も私程度の二五、六歳が半数いた。指導と統率に悩みが多く、さらに自分自身の今後の生き方についても考えに考えた結

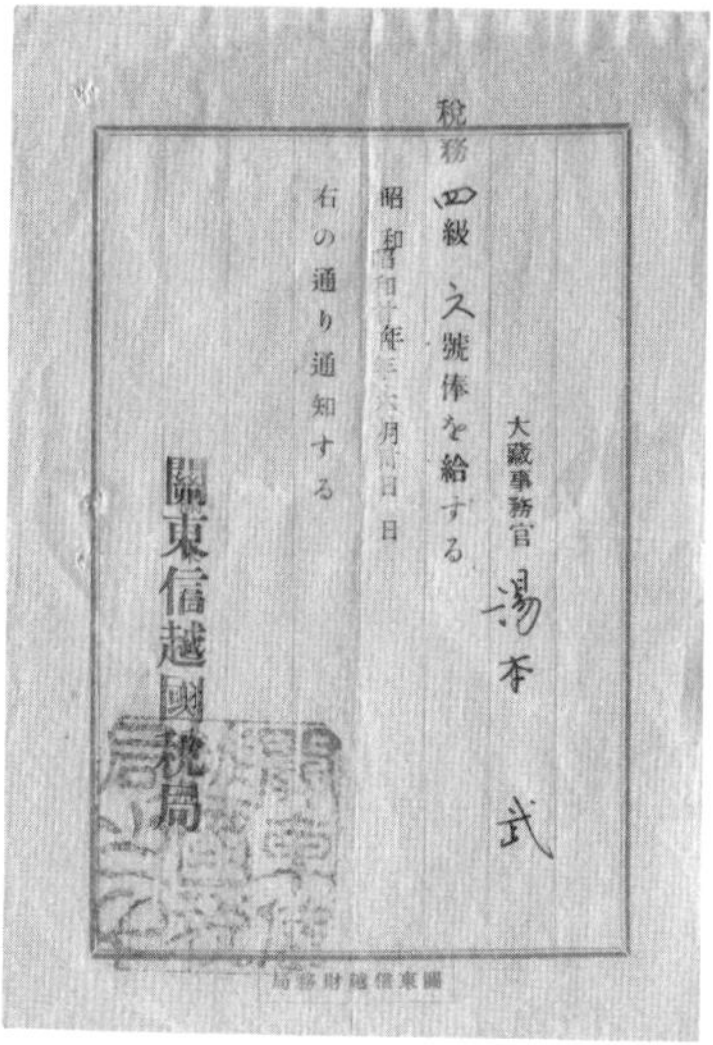
大蔵事務官　湯本　武
税務四級
號俸を給する
昭和
右の通り通知する
關東信越國税局
關東信越財務局

大蔵事務官　湯本　武
高崎税務署在勤を命ずる
昭和廿五年六月廿日
關東信越國税局
關東信越國税局

果、次の「教え」を基本とすることとした。

福沢諭吉の言「思想の深遠なるは哲学のごとく、心術の高尚正直なるは元禄武士のごとくにして、これに加うるに小俗吏の才をもってし、さらに加うるに土百姓の身体をもってして、初めて実業社会の大人なるべし」。

深い思想と清廉な心＝考え方

小俗吏の才能＝能力

土百姓の頑健な体＝熱意・努力

したがって、

実績・結果＝考え方＋能力＋熱意・努力

この算式が今後の生き方の基本である。

この中で最も重要なことは「考え方」である。

人並みの能力しかない私は、上記の算式を頭に入れてつき進んできた。大学出の連中は「オレには才能がある」と鼻にかけている様子が見られた。私は熱意と努力によってカバーしようとした。また考え方が重要で、その方向性を表すものである。考え方に「いい考え方と悪い考え方」がある。プラスの方向に向かって、もてる能力を発揮すればよいのだ。熱意や能力がいくらあっても、考え方にマイナスがあったら何にもならない。まず考え方が正しい方向に発揮されなければならない。

どれほどすぐれた能力があっても、考え方に誤りがあれば宝のもちぐされである。

当高崎税務署も申告納税制度による混乱が続いていた。各種団体等の陳情があとを絶たなかった。

高崎署も農業者はもちろんであるが、営業者についても更正決定処分が相当あり、この決定処分に対する異議申立の処理に担当者が毎日従事していた。

反税運動の指導者は高崎署管内の左系の人たちであったが、一方これらの左系の指導者の考え方、行動に反対する、いうならば右系の指導者がいた。この右系の指導者の中心的人物が当時若く、青年将校と言われていた中曽根代議士（後の総理大臣）である。この陳情団体がデモをかけるときは、先頭に日章旗を掲げて税務署へ押しかけてきた。

国税局直税部前橋駐在員へ転勤（昭和二十六年九月一日）

交通・通信事情が悪く、国税局（在東京）よりの伝達、連絡、指導者などに不便であったので、各県の県庁所在地の税務署に国税局直税部長指揮の駐在員がいた。群馬県は前橋署で、駐在員は長を入れて四名である。

担当事務は群馬県下の直税関係の指導、取りまとめである。長は大署の係長経験の四〇歳代の人で私（二七歳）は次席であった。私は経験も少なく、群馬県下の土地勘もなく、大先輩である県下税務署の係長・課長を相手にし、場合によっては指示もするのである。勉強もしなければならないが、連日緊張し、責任という重圧にたえていた。

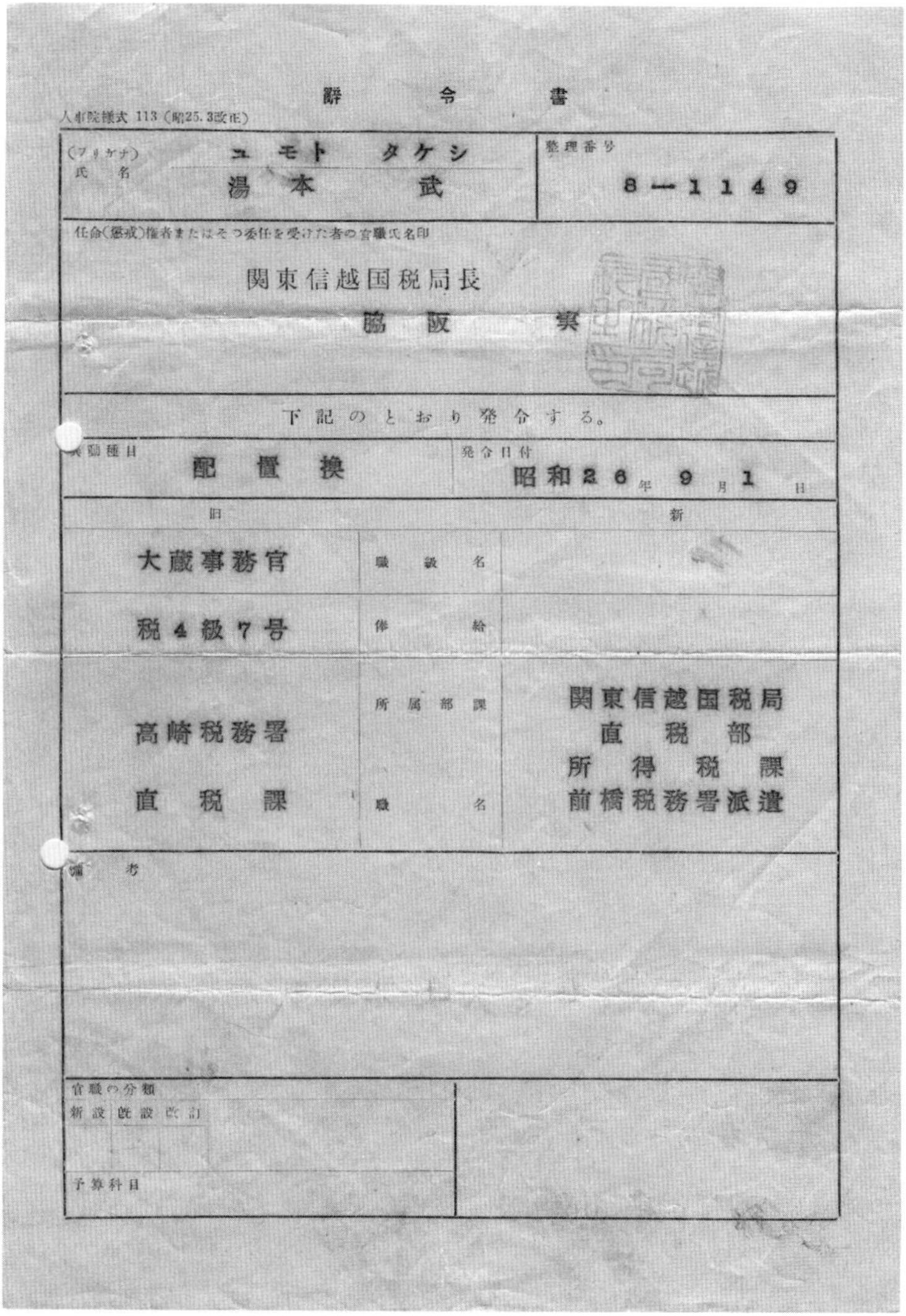

辞令書

人事院様式113（昭25.3改正）

（フリガナ） 氏名	ユモト タケシ 湯本 武	整理番号 8－1149

任命（懲戒）権者またはその委任を受けた者の官職氏名印

関東信越国税局長

脇阪 実

下記のとおり発令する。

異動種目　配置換	発令日付　昭和26年9月1日

旧		新
大蔵事務官	職級名	
税4級7号	俸給	
高崎税務署	所属部課	関東信越国税局 直税部 所得税課
直税課	職名	前橋税務署派遣

備考

官職の分類　新設　既設　改訂

予算科目

関東信越国税局直税部へ転勤（昭和二十九年七月七日）

直税部所得税課審理係に配置、翌年農業所得係へ配置された。

所得税は営業・農業・その他事業・その他に大別され、そのうちで納税者数・税額が一番多いのが農業であった。経済活動はまだ企業にまでは及んでいなかった。

農業課税の基礎は、耕作面積×所得標準＝所得額、の方式であるが、この農業所得標準の作成、決定は大変な労力を要する事務であった。税務当局は実態の実地調査に重点をおき、あらゆる資料を収集して所得標準を作成し、農業団体に提示し詳細に説明したが、簡単には了解を得られず、この交渉が延々と続き、申告期限ぎりぎりに決定するような県もあった。その交渉も県段階、署段階、さらに市町村段階と困難をきわめた。

所得標準の作成、農業団体との交渉要領などについて署に指導・監督・指示を与えるのが、国税局の農業所得係の任務であった。

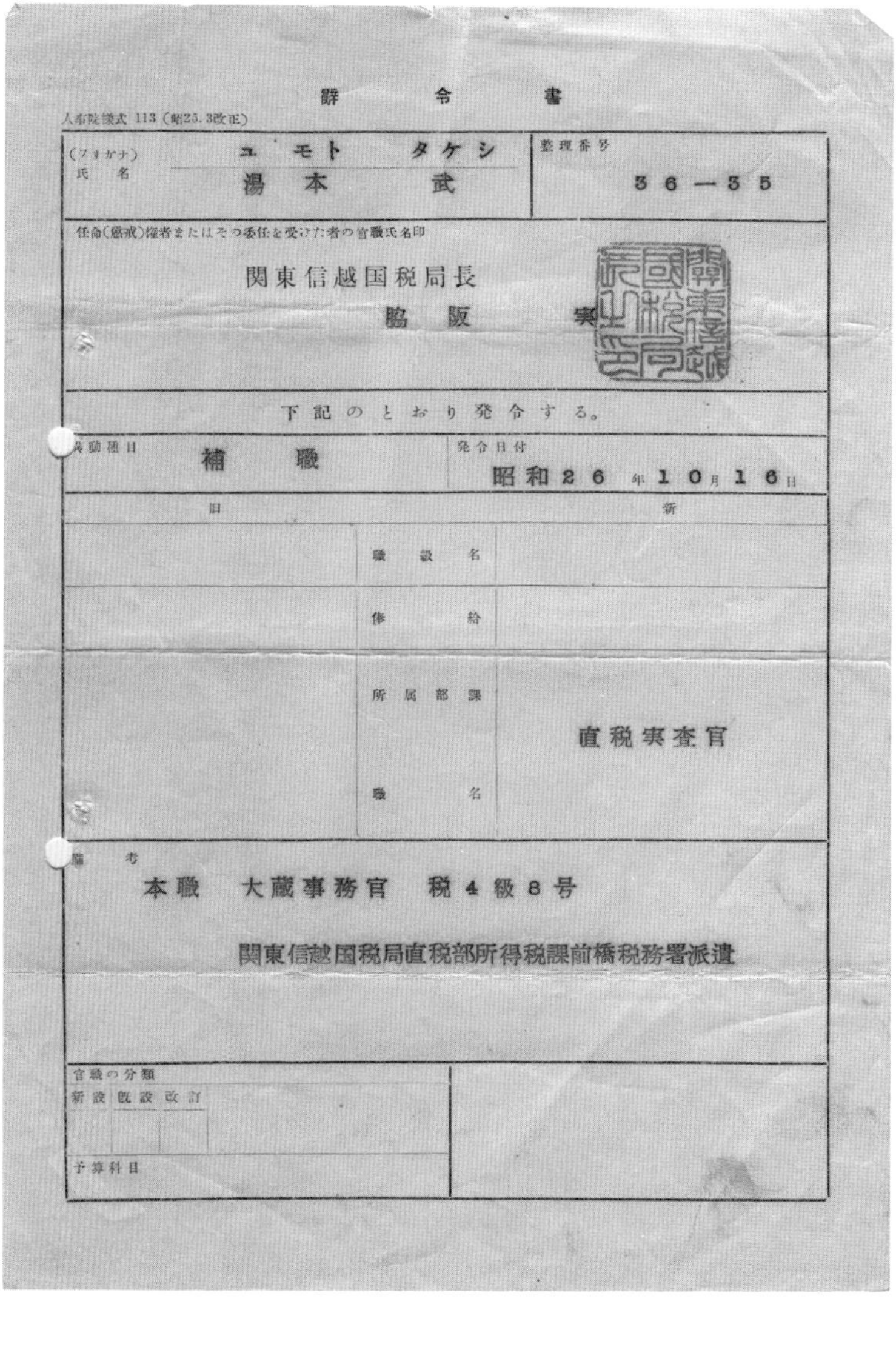

辞令書

人事院様式113（昭25.3改正）

（フリガナ）氏名	ユモト　タケシ 湯本　武	整理番号 36—35

任命(懲戒)権者またはその委任を受けた者の官職氏名印

関東信越国税局長

脇阪　実

下記のとおり発令する。

異動種目	補職	発令日付	昭和26年10月16日

旧		新
	職級名	
	俸給	
	所属部課 職名	直税実査官

備考

本職　大蔵事務官　税4級8号

関東信越国税局直税部所得税課前橋税務署派遣

官職の分類　新設　既設　改訂

予算科目

国税局所得係長へ昇任（昭和三十六年七月十五日）

国税局の係長は税務署の課長クラスである。
前記の仕事を引き続き係長という責務において務めた。

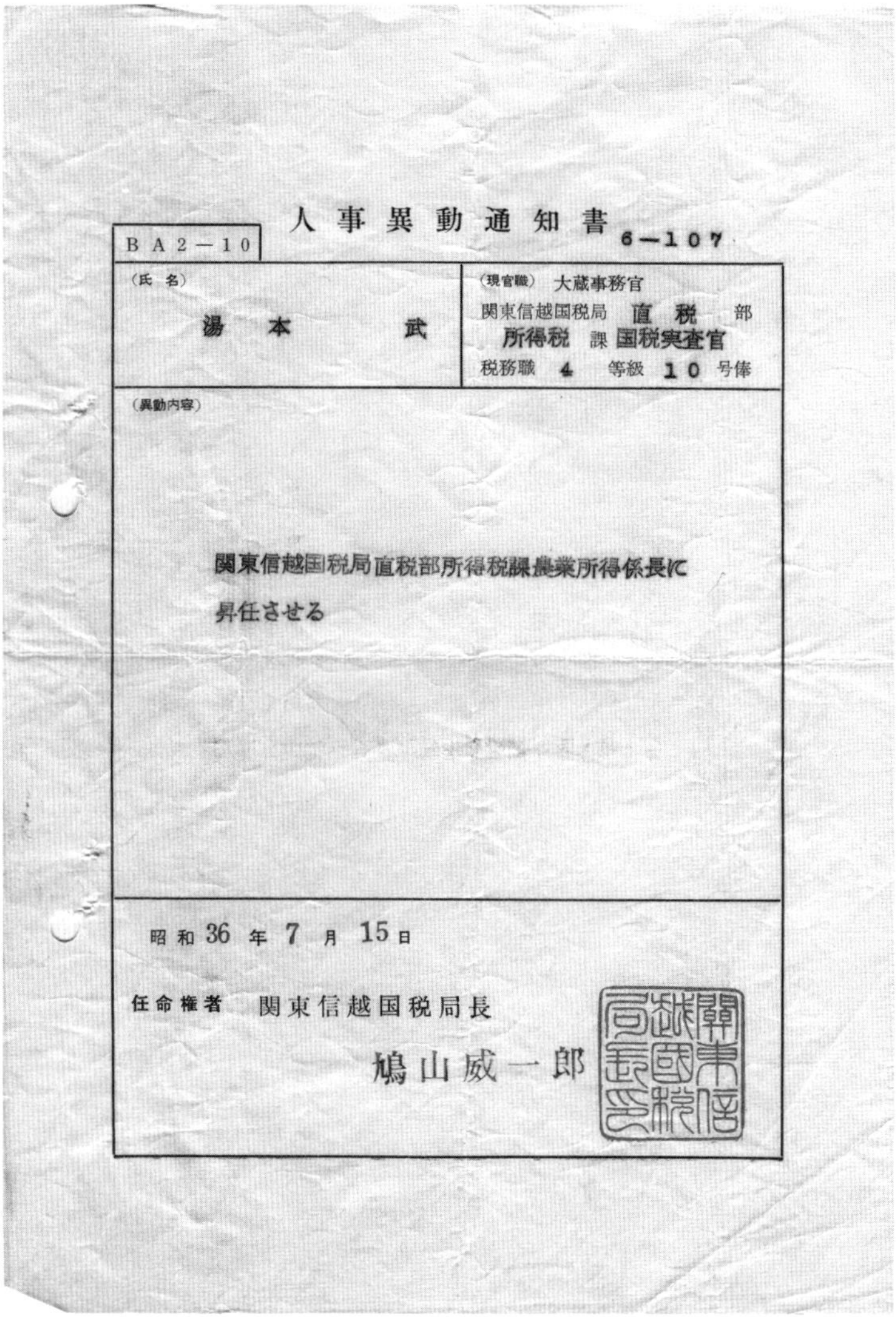

人事異動通知書

BA2−10　　6−107

（氏名）	（現官職）大蔵事務官 関東信越国税局 直税 部 所得税 課 国税実査官 税務職 4 等級 10 号俸
湯本　武	

（異動内容）

関東信越国税局直税部所得税課農業所得係長に

昇任させる

昭和36年7月15日

任命権者　関東信越国税局長

鳩山威一郎

国税局総務部人事課任用係長（昭和三十七年七月十日）

国税局並びに管内六県下六〇税務署の職員の人事に関する事務である。人事権は税務署長、国税局課長以上は国税庁長官にあり、その他の職員は国税局長に人事権が委任されていた。任用係長の職務は職員の採用、昇任、配置換えが主としたものである。当時、国税局並びに管内六県下で職員数は四〇〇〇人であった。

職員個々の人物像、事務能力、管理能力、家庭事情、その他もろもろの身上を把握し、昇任並びに配置換えなどに活用し、その人の当面の生活の変化並びに将来にも影響が大であることを配慮しながらの仕事であった。したがって、毎日発生する問題の処理に残業の連続で、とくに二月から七月の間は七月の定期異動に備えての事務が深夜まで続き、家へ帰るのは毎日二十四時ごろで、時には電車の最終（東京発二十四時三十分）に間に合わず、徹夜に切り替えることもたびたびあった。家へ着くのが一時過ぎ、軽食を取り風呂へ入ると二時、朝は六時に起床、通勤に二時間を要した。場合によっては日曜日も出勤した。

また、昭和三十五年〜三十七年、私自身十二指腸潰瘍、胃潰瘍で医者に手術をすすめられていたが、勤務しながら食事療養でなんとかしようと努力していたときで、体重も四〇

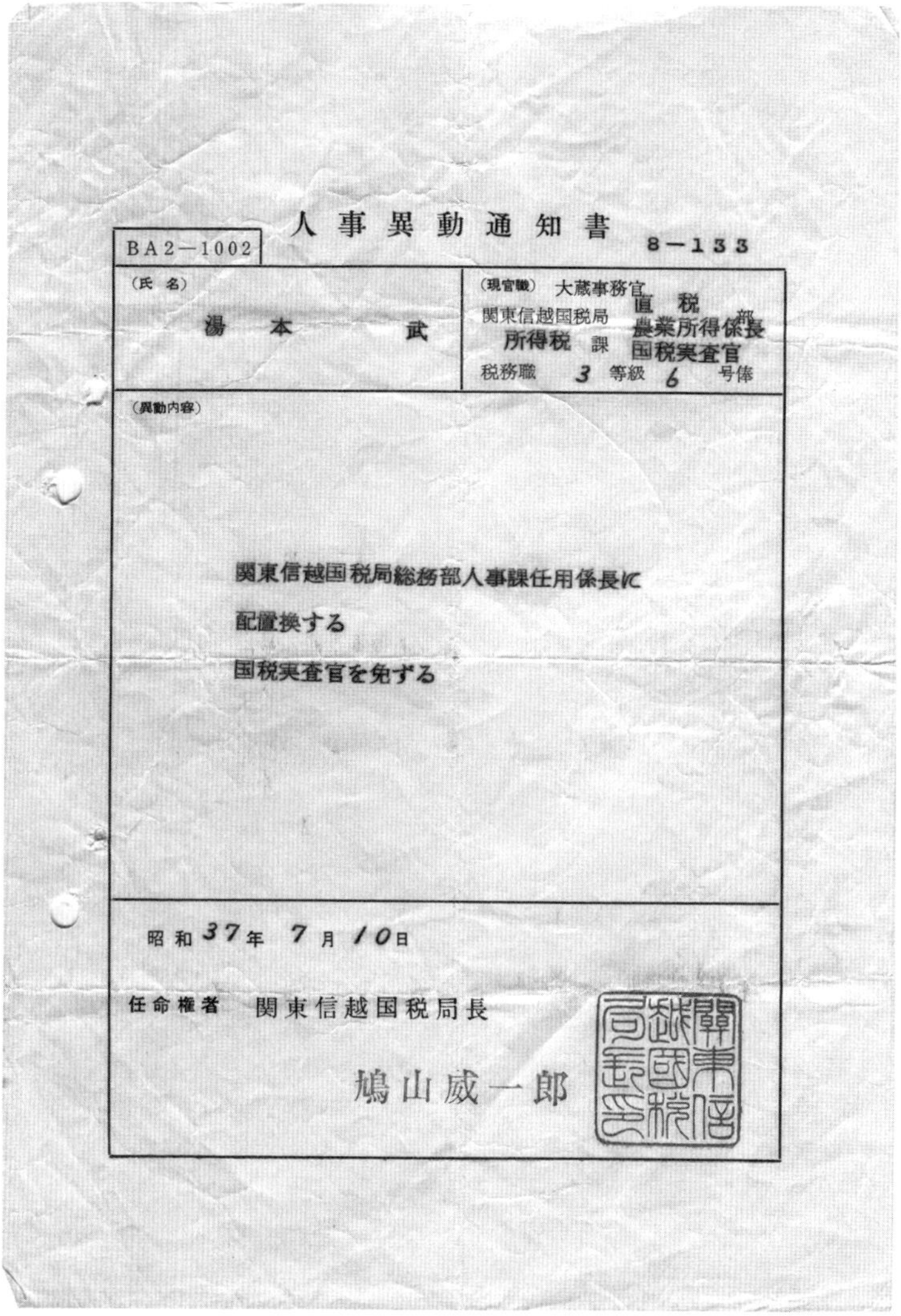

人 事 異 動 通 知 書

BA2―1002　　8―133

（氏　名）	（現官職）大蔵事務官
湯　本　　武	関東信越国税局　直税部　農業所得係長 所得税課　国税実査官 税務職 3 等級 6 号俸

（異動内容）

関東信越国税局総務部人事課任用係長に

配置換する

国税実査官を免ずる

昭和37年 7月 10日

任命権者　関東信越国税局長

鳩山威一郎

キログラム台となり、背中の骨がごつごつと出ていた。父親も田舎からわざわざ東京へ出てきて「手術して早く治せ」とくどくどと言われたが、休みも取らずに頑張った。残業していると夜中に急に痛くなり、椅子を並べてしばらく寝ているとおさまることがたびたびあった。

任用係長のまえの農業係長時代、食事を取ってもおさまらないで下ってしまうので極端に減らしたら、栄養不良となり、新聞は読めず、字も書けなくなったが勤務は続けた。同僚部下は状況を知り、なにくれとなく補助してくれた。心から感謝した。この目の見えない状態が一週間たつと、体調も対応したのか、徐々に見えるようになってきた。このように体調不十分なとき、予想もしていない七月の配置換えで、仕事の内容も全然異なり、苦労の連続であった。一年目はともかく頑張ってなんとかすごした。

この状態を三年ほど続けた結果、少しずつ回復に向かった。酒、タバコを止め、朝食は少量の粥、昼は勤めであるから小さなパンと牛乳一本、最初は牛乳はおさまらなかったが、徐々になれてきた。夕食は残業であるから役所の食堂で「うどん」を少量、後は絶対何も食べないこととし、三食とも決めた時間に必ず取ることを励行した。

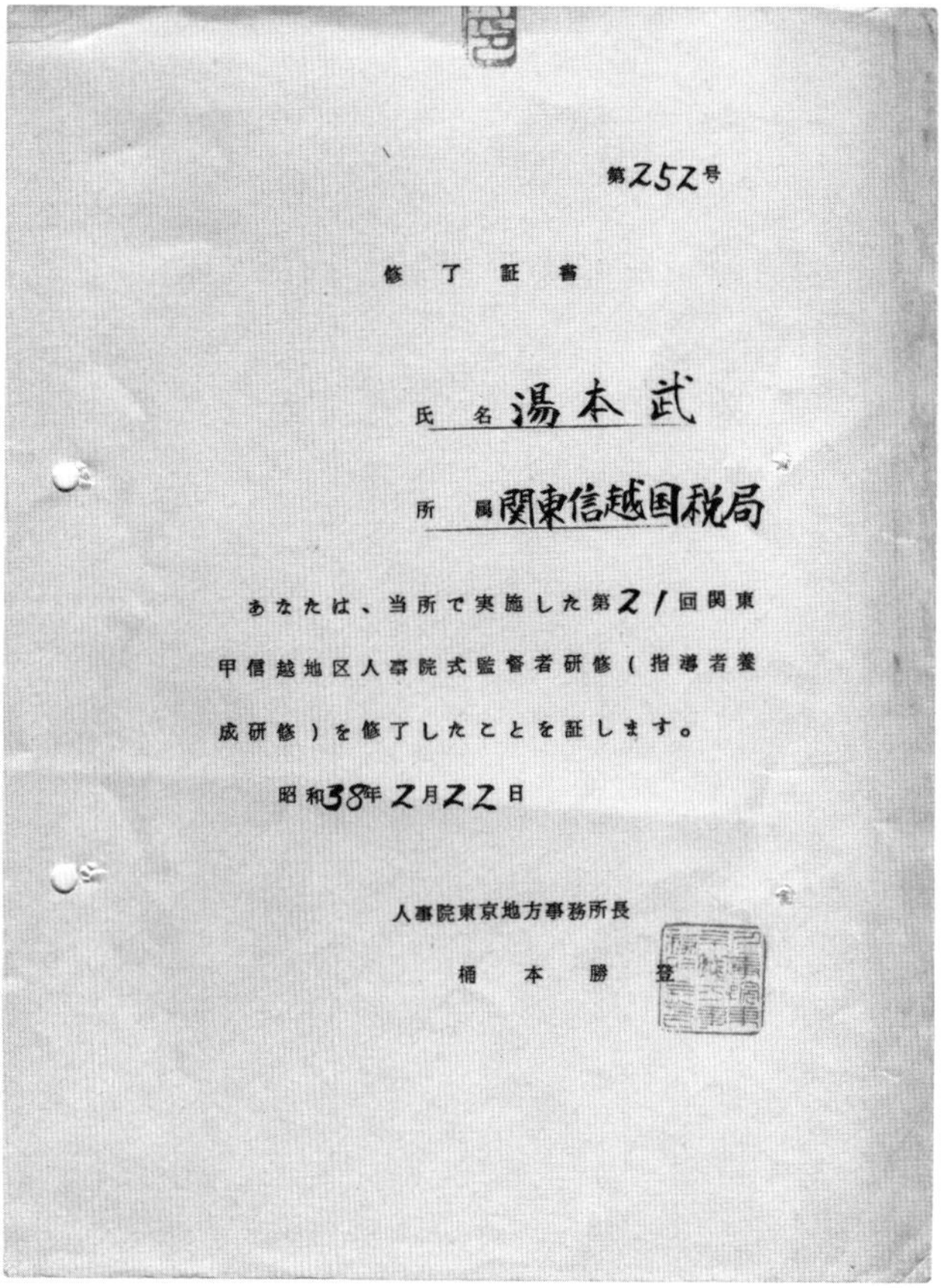
第252号

修了証書

氏名 湯本武

所属 関東信越国税局

あなたは、当所で実施した第21回関東甲信越地区人事院式監督者研修（指導者養成研修）を修了したことを証します。

昭和38年2月22日

人事院東京地方事務所長

桶本勝登

大蔵省永年勤務国税庁長官表彰（昭和三十七年十一月三日）

税理士試験合格（昭和三十九年三月三日）

任用係長の事務多忙中であったが、将来のことを考え必死の思いで勉強し、受験し、ようやく合格した。合格番号３２７４号

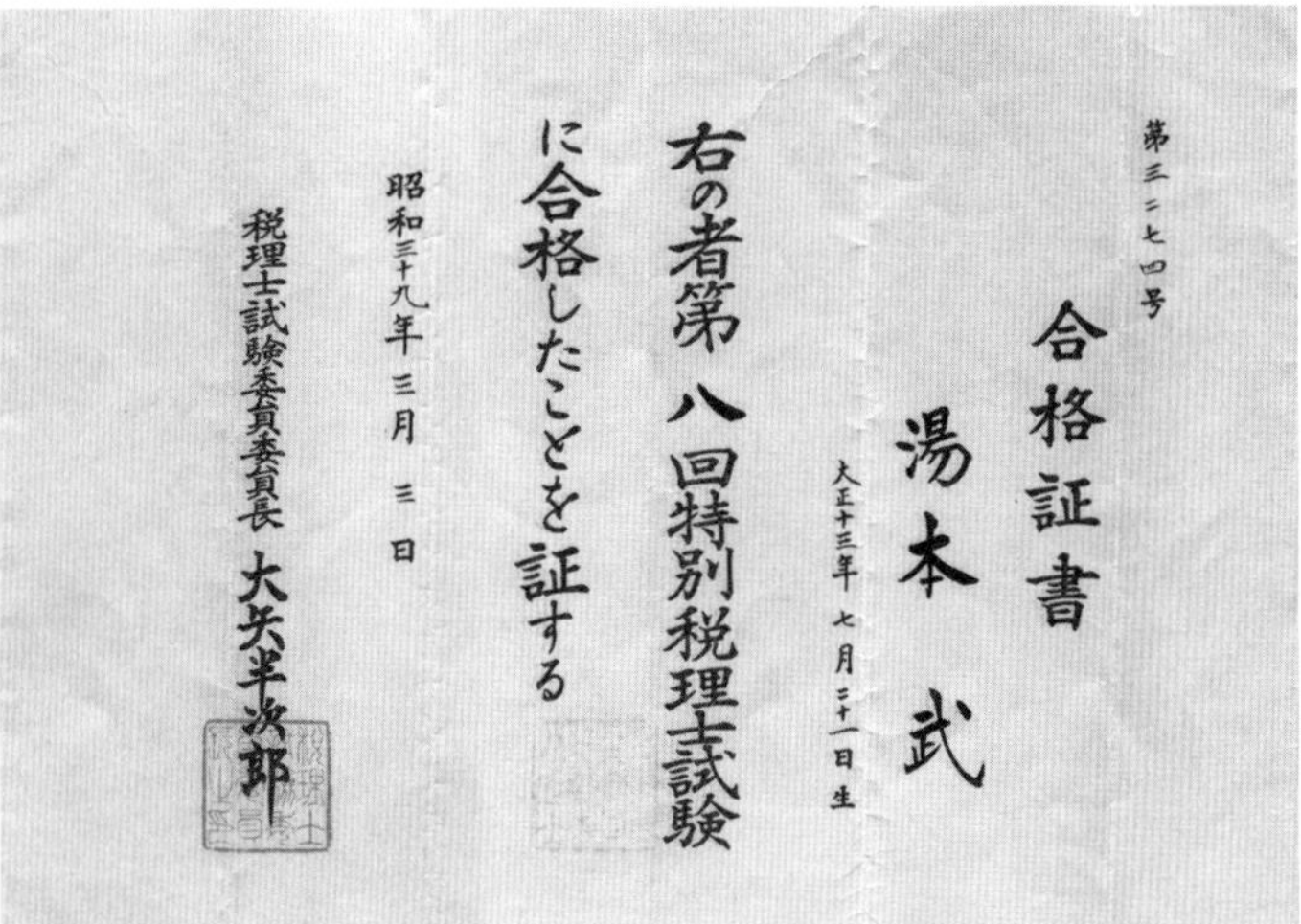
第三二七四号

合格証書

湯本　武

大正十三年七月二十一日生

右の者第八回特別税理士試験に合格したことを証する

昭和三十九年三月三日

税理士試験委員委員長　大矢半次郎

人事異動通知書

BA2—1002

6－16

（氏　名）	（現官職）
湯　本　　武	大蔵事務官 関東信越国税局　総務　部 人事　課　任用係長 税務職　3　等級　11　号俸

（異動内容）

関東信越国税局総務部人事課課長補佐

に昇任させる

昭和41年7月1日

任命権者　関東信越国税局長

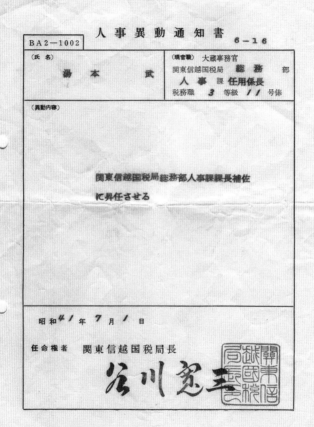

人事課課長補佐へ昇任（昭和四十一年七月一日）

体重も増してきた。身体に自信がもてるようになってきたときであった、いよいよ責任の重大さを痛感した。

国税局の課長補佐は課長を補佐し、課内の統制、仕事の進行を調整し、課内外の問題はすべて受け止め、問題事案の陳情・交渉などの場合は課長を前面には絶対に出さないで正面からこれを受けて処理する。したがって、場合によっては局内の部長、課長また税務署長などから「傲慢」だ「やりすぎ」「厳し過ぎる」などと陰口を言われているようであったが、間違っていること、不公平なことをやっているわけではないので、面と向かって言う人はいなかった。

表彰状

湯本　武

貴下は大蔵省に勤務すること
満二十五年に及びこの間よく職務に
精励しその成績は他の模範と
するに足る
よつてここに表彰する

昭和四十二年十月十二日

大蔵大臣

大蔵省永年勤務大蔵大臣表彰（昭和四十二年十一月三日）

西川口税務署副署長昇任（昭和四十五年七月十日）

新庁舎を建設中で仮庁舎のプレハブに入っていたが、夏はトタン屋根から直に焼かれ、四〇度を越え、冬は暖房のききが悪く、最悪の状態であった。庁舎建設のため、川口市、建設事務所、地元付近の住民、電話局などとの交渉、建築の立ち会いなど本来業務以外のことが多く、大変であった。

四十六年の春に庁舎が完成した。その完成の準備がまた大変で、国税局からの完成祝いの経費の金額が少なく、署長は簡素にやろうと言っていたが、私は関係官庁、各種団体等を招待しておきながら、他の官庁の落成祝いに見劣りするようなことはできないので、どの程度の落成祝いをやったのか他官庁の情報を集め、私自身の方策を立てた。

国税局の考えていることは推察できる。配付金額が少ないことを理由にそのままということは不手際のそしりを受けるのは署長である。署長のためにも何とかしようと思った。

しかし、どうやり繰りしても金額が不足する。知恵をしぼり、方々を駆け回った。西川口税務署管内には造り酒屋はなかったが、サッポロビール工場があった。私は間税課長と同行し、工場長に頭を下げ理由を説明し、来賓用としてビール約一五〇本、西川口職員

人 事 異 動 通 知 書

BA2−1002　　　　　　　　　　　　　　　36−11

(氏 名)	(現官職)
湯　本　武	大蔵事務官 西川口税務署副署長

(異動内容)

総務、徴収、直税、間税担当を命ずる

昭和46年 7月10日

任命権者　関東信越国税局長

亘理彰

（一六〇名）用として一五〇本を祝いとして寄贈をうけた。さらに、酒問屋を回り酒の寄贈をうけ、飲み物は何とか調達した。その他協力団体に対する根回しなどに冷汗をながした。結果、落成祝いは他官庁並みに無事に終了した。

四十六年三月から七月まで、署長が腰痛のため長期休暇を取られた。国税局人事課から四月に入ると、「署長を休職にして代わりの者を発令してはどうか」と言ってきたが、私は「署長は年齢から見てこの署が最後であるから、このままとしておいてもらいたい。私が何とか切り抜ける」と言って、そのままとしてもらった。

三月〜四月は職員の勤務評定、個々の家庭事情、当人の希望などを総合判断しての定期異動があり、署長としての意見上申等重要な時期である。この上申書も入院している署長と連絡をとりながら私が全部作成した。

三条税務署長に昇任（昭和四十七年七月十日）

いよいよ署長として出発である。四十八歳、長岡市に公住を借りて通勤した。

管内は三条市、加茂市、見附市、南蒲原郡、職員数六〇名。協力団体の青色申告会、法人会、納税貯蓄組合など活動が活発で、協力的であった。職員の中に課長に対して反発するグループがあり、何かにつけて必ず文句を言うのである。特に上席調査官で課長を補佐しなければならない立場にいる職員のひとりもこの中にいた。署全体の組織を乱すこととなるので、これらの職員の指導を徹底した。

三条市は当時の田中総理大臣の選挙区であったが、総理はもちろん地元の大物秘書の本間さん（越後交通の秘書長であるが実態は政治秘書である。直接総理に陳情しようとしてもだめで、新潟県のことは、本間さんを通さないと総理は受けてくれないこととなっていた）からも一度も陳情らしきものはなかった。他の代議士並びに秘書からは何かにつけて個別的な陳情があった。

仕事は判断がすべてである。たとえささいな問題であっても、判断を間違えれば大変なこととなる。判断をするために知識をもっていれば、前はこうだ、こうすればいい、と言うことができるが、経験則の蓄積もない自分のうとい分野（徴収・間税）であっても決断をすみやかに下していかなければならない。このような場合どうしたらよいか、その結論は「原理原則」すなわち「何が正しいのか」という極めて簡単な判断基準がある。正しいことを、正しいままに貫くという考え方である。

人間として正しいか、正しくないか、よいことか、悪いことか、やっていいことか、いけないことか、そういう人間を律する道徳や倫理をそのまま判断基準にした。

人間が人間を相手として営むことである。人生は原理や原則に則して行われるべきもので、また原理原則に従ったものであれば大きな間違いはないはずである。この考えに従って、堂々とやってきた。

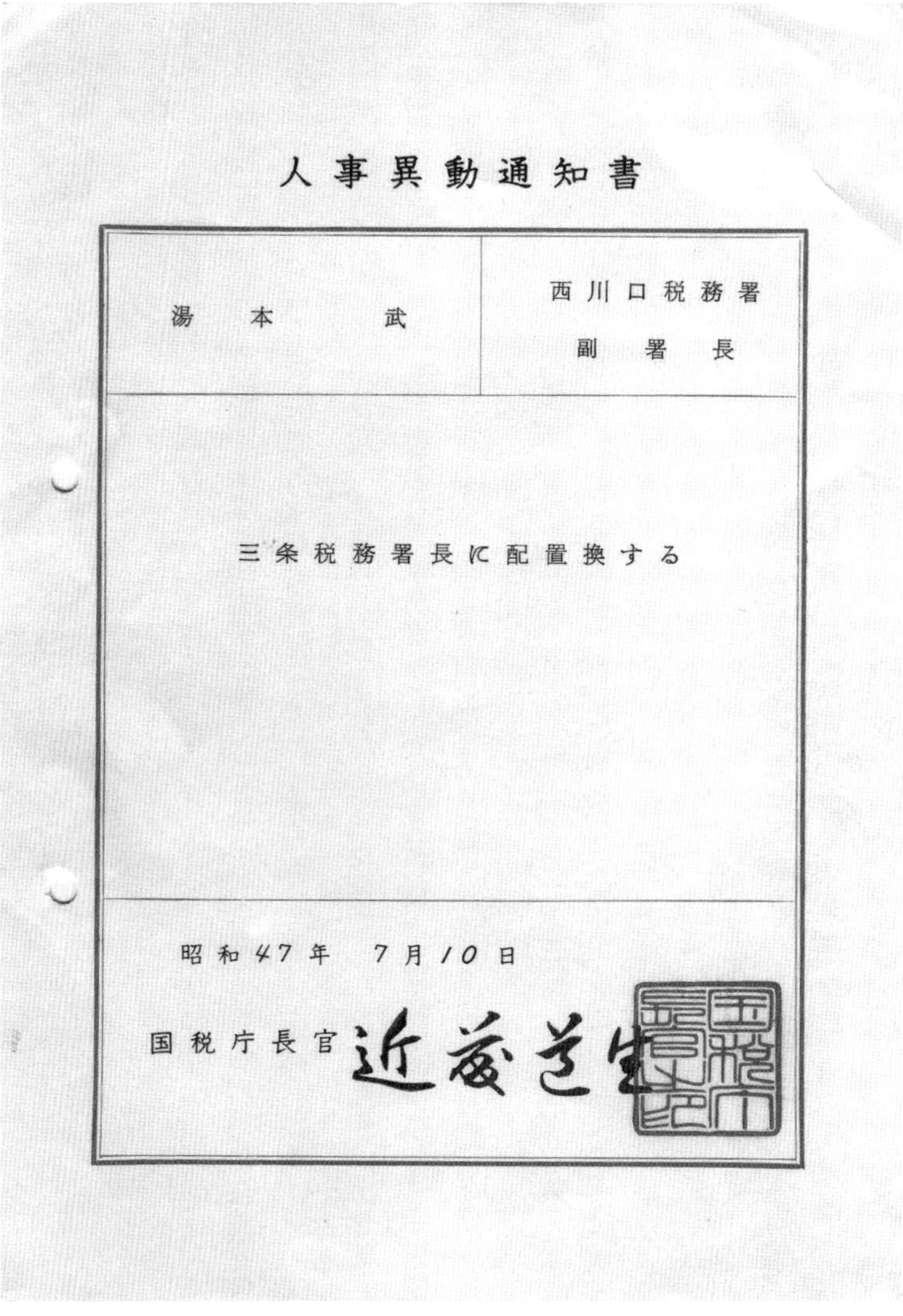

人事異動通知書

湯本　武	西川口税務署 副署長

三条税務署長に配置換する

昭和47年　7月10日

国税庁長官　近藤道生　（国税庁長官印）

関東信越国税局資産税課長（昭和四十八年七月九日）

インフレの最盛期、物価も毎年三割上昇するという時代であった。

資産税課であるから、対象は土地、建物が主体である。田中総理大臣の列島改造論説の風が吹きまくり、公共事業が活発で、その影響が極めて大で、地価の上昇、土地の移動（収用・譲渡）がはげしく、事務量の増大は異常であった。当時国内一〇国税局中、当関東信越国税局が最高の処理件数をかかえ、税務署の資産税担当職員の増員も認められず、国税局、税務署の担当職員一丸となってその処理に没頭した。とくに東京近県である埼玉県下の移動件数が顕著であった。根拠は公共事業による土地収用、それに伴う代替え地買換え、地価上昇等による不動産業者の活動である。収用された場合、その面積の約三倍程度が移動（譲渡）したものと予想された。

また、銀行の動きも活発で、一例をあげると西川口駅南口の北側に銀行の支店が開店した。当地帯は大雨が降ると道路にも水が溢れ通行不能となるところで、付近には住宅がなく、農家が散見される程度の水田地帯であった。銀行はその農地を宅地として購入した。購入価格はその地帯の一般売買価格の約三倍である。これが引き金となり、当地帯の地価

人事異動通知書

湯　本　武	三条税務署長

関東信越国税局直税部資産税課長

に配置換する

昭和48年7月9日

国税庁長官　安川七郎

がたちまち上昇し、その後二年の間に住宅、商店が建ち、駅前商店街として一変した。これによって、銀行は投資の目的を果たし、顧客の確保に成功した。当時の銀行は金の力によって庶民を振り回し、インフレを助長していたものと思う。

また相続税の課税件数も多く、農家が五、六反の農地を持っていれば課税対象となる。理由は相続税の土地評価（国税局資産税課が決定する）が毎年二割から三割上昇したが、大蔵省の相続税法の改正がそれにおいつかなかったものと思う。

茨城県の麻生税務署管内の鹿島地区の相続税が高いということで、地区選出の葉梨代議士が国会の予算委員会で取り上げ、責任者の国税局の資産税課長（私）を参考人として出頭を要求してきた。国税庁では国税局の資産税課長を出頭させることはできないということで、私を国税庁へ呼び、国会へは「課長は出張中で連絡が取れない」と回答し、私を一昼夜国税庁に匿い、外に出さなかった。その間に想定問答を国税庁で作成し国税庁次長が答弁し、何とか収めたことがあった。この問題の根本は相続税法の改正がおいつかないことにあり、そのことは国税庁は十分に了解していたものと思う。一方、葉梨代議士は根本的な相続税を知らないで、責任を私にもってきたこと自体が誤りであると思った。

また、この鹿島の海岸線に石油コンビナートが造成中で、海岸一帯に土地収用がはじめられていた。地帯は砂地で畑作が主で、麦と甘藷が主作物となっており、その収穫も少ない。したがって各個人の所有面積は二町歩、三町歩は普通で、その住家は極めて粗末なものであった。収用によって地価が暴騰し、大金が入り、西部劇に出てくるような家を建てて住み、噂話によると、大金が入ったので子供に与える小遣いも多く、中学生はタクシーをよんで通学し、運転手にチップをはずんだという話しが出たほどであった。しかし、徐々に不動産屋とヤクザの暗躍によって吸い上げられる人が出てきた。なかには、県が収用の代替地をさがしている間は土地売却者に「念書」なるものを渡してあったが、その「念書」はどこに代替地があるかわからないが、手持ちの金がなくなった者はこの「念書」を不動産業者に売却する者も出てくるようになり、課税に問題が発生した。

冒頭に記したようにインフレの最中で、とくに埼玉県下の不動産の譲渡、地価の上昇等により譲渡所得、相続税の要処理件数が急増した。国税庁でもその対応策として、札幌、仙台の両国税局管内税務署の資産税課職員五〇名を一〇日間二回にわたり埼玉県下の主要税務署に特別に出張させ、実地調査を行い処理の促進をはかった。その間にも、当国税局の資産税課職員を管内税務署に連続出張させ、署員の指導と督励に従事させた。国税局に残っている者は私と課長補佐外二、三名という状態が続いた。

川越税務署長（昭和五十年七月七日）

管轄は川越市、富士見市、坂戸市、鶴ヶ島市、日高市、ふじみ野市、入間郡。ともかく管内は広い。職員数三五〇名、副署長二名、職員組合も二組合があり、組合員の多い組合はそれほどでなかったが、少ないほうの組合は、いうならば左系で組合意識が極めて強く、何かにつけて反発し、対抗してきた。関東信越国税局管内六〇税務署で一番に、組合対策の困難な税務署といわれていた。

私を川越税務署長として発令されたのを、勘ぐって考えると、どうも、お手並み拝見的に選んで発令したのではないかと思えた。

勤め人には成績良好な型に二通りある、一つは組織に忠実で、上司よりの指示・命令には多少の意見があっても何も言わないでハイハイと従事する型、二つは上司にズケズケと意思表示し、仕事は的確に自信をもって処理する型である。

私自身どちらかといえば二の型であると思う。これも発令の理由の一つかと思い、自分の人生の生き方であるから変えようがないので、自分自身を納得させた。

組合交渉は二カ月に一回、組合別に役員を相手に行った。問題によっては私の発言によ

人事異動通知書

湯本　武	関東信越国税局直税部 資産税課長

川越税務署長に配置換する

昭和50年7月7日

国税庁長官 安川七郎

り紛糾することがままあった。当方は、署長、副署長二名、総務課長の四名で、発言するのは主に私である。組合側は約一五名程度で、事案を分担して突っ込んできた。

一年目に問題が発生した。ある課長が左系の組合員に対して言ったことが組合干渉であって、労働組合法違反行為であると騒ぎ出し、川越地区内の他官庁職員組合員（地区労という）を動員して数十名で税務署にデモをかけ、署長に面会を要求してきた。私は「当職員の問題は当組合で話し合って解決する。他官庁の労組員との面会の必要は認めない」と断固として面会しなかった。総務課長が玄関先で対応し、他の課長も玄関に立ち、一歩も庁内に入れなかった。二時間ばかり玄関先で気勢を上げ、解散した。

次の行動は、庁内に組合に貸与している黒板に大きく「署長追放」と題して悪口を取り替え引き替え張り出した。総務課長には、張り出すことはやむを得ないが、貸与した黒板から一センチメートルでも出たら直ちに撤去させることを厳命し、励行させた。しかし、このビラ張りは一年間にわたった。また一年間、労働法違反についてが交渉の重要議題となり、交渉のつど激しく対抗してきた。さらに、出勤前のビラまきも対抗策の一例で、私は電車で通勤し、本川越駅に電車の着時間に合わせて車を待たせておいて乗って登庁していた。組合員が朝玄関先でビラまきをしているときに運転手が「今日はビラまきをしているがどうしますか」と言うが、私は「かまわないからビラまきしている玄関につけろ」

と言い、ビラまき連中の中へ乗り入れ、玄関に入っていった。

そのうちに組合交渉で「署長は車に乗って通勤しているが、我々と同様歩いてくるべきではないか」と言いだした。私は「つまらないことを持ちだすな、乗用車ぐらいで君たちに文句をつけられる筋合いではない」と一蹴した。労働法違反問題も一年がたつと、組合も諦めたのか立ち消えとなった。

二年目には、酒の小売免許について酒の小売業者のデモをうけた（酒の小売業者からのデモは関東信越国税局管内では初めてで、後でもおそらくないと思う）。

これは、某市の消費組合より免許申請が私の二代前（四年前）の署長に提出されていたが、既存の小売業者の反対があまりにも強いということで、未処理として放置されていた。消費組合からの要請回数も多くなってきた。放置しないで結論を出すべきであると間税課長に指示し、消費組合の内容、近隣の小売店舗数、距離、人口数を調査させ、慎重に検討した結果、結論として「却下できない」ということで、小売酒販組合長の反対意見は毎度のことであり、免許の権限は税務署長にあるので、既存業者のことも考慮して、「店頭販売のみ」（配達はさせない）という条件付免許を与えたものである。

さすがに酒販組合長はこなかったが、煽動者を先頭に管内全市郡の小売業者が庁内の広い庭いっぱいに埋まり、大声で「免許を取り消せ」「我々をつぶす気か」等の気勢をあげ、そのうちに「署長に面会させろ」と要求してきた。一時間ばかり玄関先で総務課長に応対させ、庁内には絶対に入れなかった。「代表五、六人を選考するなら署長の面会を許す」ということで選考させたが、選考に時間を要したがようやく面会した。

要求事項

1　酒販免許を取り消せ。
2　消費組合に免許を与えることは我々の死活問題である。
3　組合の意見を取ったのであるからその意見を認めろ。
4　署長は小売酒販業者の実態を知らない。
5　消費組合に免許を与えれば近くの小売店はつぶれる。
6　消費組合と付近の小売店との距離が少ない。また、消費人口も少ない、調査を十分にやってもらいたい。

等々、一時間激論を続けた。摑みかからんばかりであった。相手は納得しなかった。が結論として「免許は取り消さない」ことを通告し、面会を終えた。代表は陳情者一同にその旨を説明した。しばらくの間いっそう気勢をあげ騒いだが、徐々に解散していった。

前橋税務署長（昭和五十二年七月十一日）

職員数約二五〇名、副署長二名、単身赴任、家族寮で自炊した。

直税部の駐在員として勤務したことのある署であるが、所在地、建物ともに変わっていた。再出発の気持ちで対処した。また、高崎、前橋当時の同僚が特別調査官、総括官等として在籍していたが、割り切ってやらざるを得なかった。とくに大先輩が相談官室長としていたので、礼を失しないよう配慮した。

県庁所在地税務署長は当前橋署のことのみということでなく、県下各署の状況把握には常に留意しなくてはならなかった。急を要する国税局からの重要な指示は県庁所在地署を通じて県下各署に伝達、さらに県下各署の出来事は速やかに国税局に連絡する。

群馬県庁の関係部局との連携、検察庁、県警察本部、国の出先機関との接触等、署長は内部事務を副署長にある程度委任し、外部との接触関係に多く労を要した。

人事異動通知書

湯　本　　武	川越税務署長

前橋税務署長に配置換する

昭和52年7月11日

国税庁長官　磯邊律男

関東信越国税局調査査察部次長（昭和五十三年七月十日）

調査部門＝資本金一億以上の管内六県下の法人を担当

査察部門＝管内六県下の多額な所得を隠匿していると認められる事業者等に対し調査令状をもって強制調査を行い、検察庁に告発する。

調査部門は大企業の調査であるため、高度な調査技術を要した任意調査である。法的な解釈等で問題事案が発生していた。

査察部門は情報担当と実行担当（強制調査）に大まかに区分され、連絡を取り合っていた。情報収集に当たっては各統括官（署の副署長級）の指示のもとに収集していた。収集の結果は担当者が統括官付で次長（私）に報告があったが、その収集過程の復命はしなかった。なかには違法まではいかないが、極めてぎりぎりの線で収集したものもあったようである。

査察官は常時出張して情報資料の収集に当たっているが、なかなか査察するまでにいく有効な資料を収集することはできない。ときには、統括官から激励され、注意され、どなられているのが目についた。大変だな！　と思った。

実行担当査察官（二〇人から三〇人、ものによってはそれ以上）は査察調査開始となると、それこそ黙々と人を寄せつけないような態度で、天井裏、縁の下まで這い回る。査察が始まると、私は通常、国税局の自室にいて、現地からの情報と関係者からの苦情・陳情に対応した。実施に当たっては該当者宅ばかりでなく、関係者宅、関係会社、関係金融機関も同時に調査を実施する。

現地に近い税務署の一室を借り、部外者の入室を禁じ、担当統括官が各現地から入ってくる調査の進行状況、結果等を把握し、指示をする。

いろいろな事案にあったが、完全な二重帳簿を見つけるなど、なかなかそのようにうまくはいくものではない。一、現金数百万円を新聞紙に包み倉庫の棚等の所々にそれとなく置く。二、日本間の社長の座っていた下が隠し金庫であった。三、昔の大判、小判等が大量に夫婦の寝室から出た。四、仮名預金が他県の銀行に預けられていた。五、公債を多額に購入し、銀行に預ける。六、担当銀行員しかわからない架空名義の預金が銀行員のメモ帳から明らかとなった。七、郵便局に架空名義の預金が大量にあった。など、他にも記することのできない事柄が多かった。また、以上のことなどの端緒を見つけること自体、大変な努力、経験、知識が要求され、映画などに出てくるような単純なものではない。

検察庁とも緊密な連絡をとり査察を行うが、頑強に抵抗し事実を認めないときは、検事

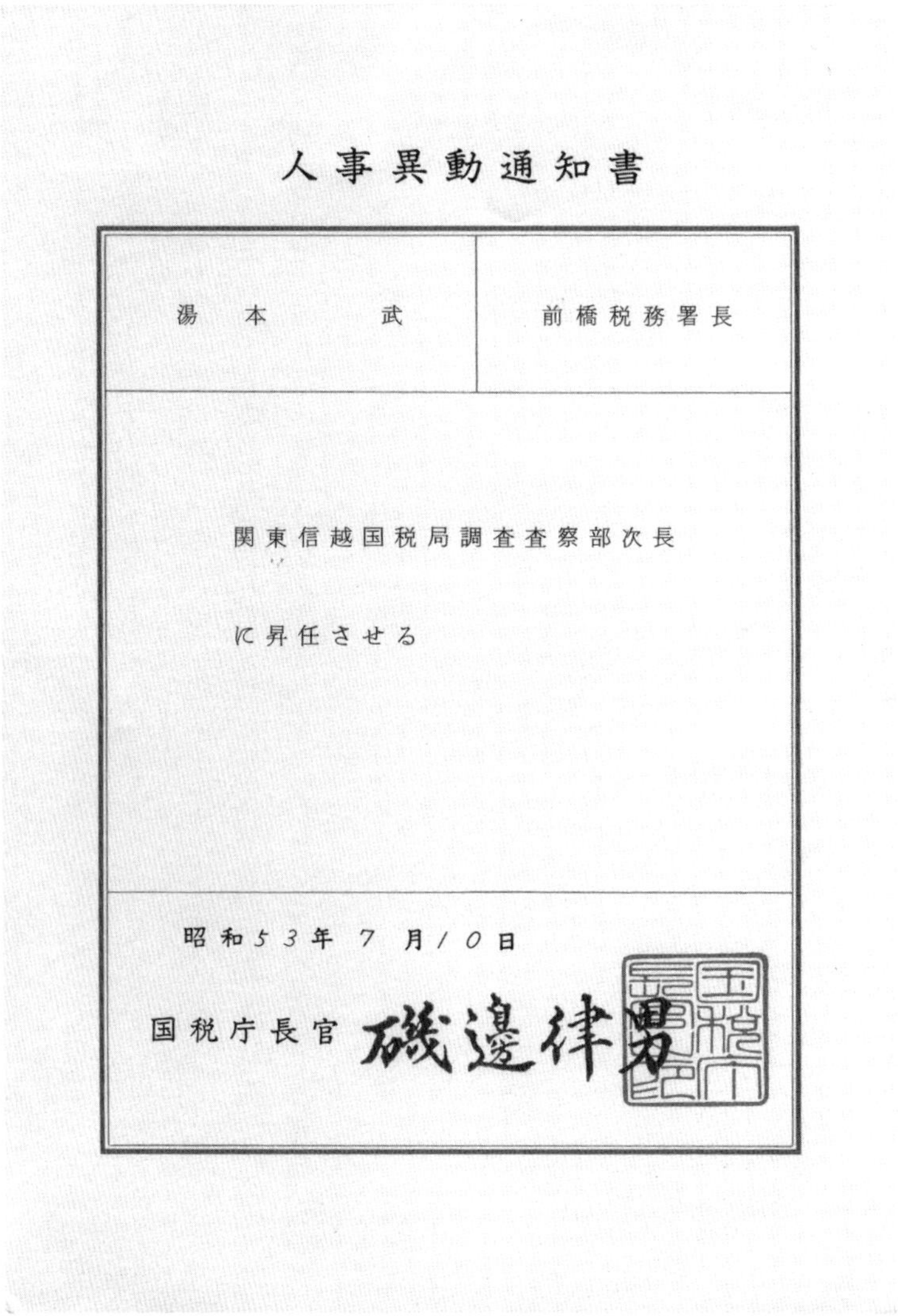

人事異動通知書

湯本　武	前橋税務署長

関東信越国税局調査査察部次長

に昇任させる

昭和53年7月10日

国税庁長官　磯邊律男

が拘置して取り調べることもある。

次長の職務は事件の細かい内容でなく、担当者のやりやすいよう、外部の圧力などに対処することである。必ず、その地の有力者、県議、場合によっては代議士までが入れ代わり立ち代わり、陳情または脅かし半分でやってくる。その応対が重要な仕事であった。ときには、議員会館に呼び出され、説明に行ったこともあった。しかし、すべてを査察調査に入られたら、どうにもならないという感覚を与え、当方の予定通り終了させた。

浦和税務署長（昭和五十四年七月十日）

県庁所在地税務署、職員数約三〇〇名、副署長三名、管内六県下六一税務署の代表的な税務署と言われていた。事務は三人の副署長がそれぞれ担当しており、とくに重要な調査事案等の復命はうけるが極めて多忙で、副署長にある程度委任していた。大部分は外部団体、官公庁との接触・応対、さらに県下各税務署の状況把握、国税局との連絡、また、国税庁、国税局の部課の職員が頻繁に来署され、税務行政の運営等について、税務署長としての意見を聴取されるなど、その応対に多忙を極めた。

所見　戦略について。

役人の世界は戦略というと、上司の顔色をみていかにうまく立ち回るかを意味することが多い。

事実それも大切なことだ。役所において、自分の地位を確保しなければ何もできないのだ。しかし、戦略というのはそういうことではない。巨大な組織をいかにうまく運営していくかの戦略だ。それは上層部の考えることだと言いきることは誤りだ。組織というものは、あらゆるレベルの思惑の集合体だ。下の者がいいかげんだったら、いくら上が立派な戦略を立てても伝わらない。また、常にうまく部下を使う方法を考え、同時にいかにして、上司を動かすかを考えなければならない。上に立つ者は、常に判断を強いられる。そのときに頼りになるのは情報だ。上司を動かす最大の餌は情報である。

判断力を失った人間は役に立たない。無能である。とくに上に立つ人間は、何事も判断によって運営が成り立つものである。

「たてまえ」について

「たてまえ」を貫くことが本当の役人の仕事のやり方だと思う。そしてできる限りそれを実行してきたつもりだ。時にはままならぬこともあったが、大筋は貫いてきたと思う。

「たてまえ」を貫くことは、つまり原則を重視することだ。ケースバイケースという言葉は嫌いだ。それはいい加減な言葉だと思う。原則を大切にしなければ、システムは腐敗する。何が重要かがわからないから、無能力なやつは法の条文や通達の文面だけをなぞって、それを闇雲に実行しようとする。そして、前例だけを重視するようになる。いわゆるお役所仕事である。本当に有能な人を集めた有効なシステムというのは、原則を大切にした即応性のある、柔軟なものというイメージである。

人事異動通知書

湯　本　　　武	関東信越国税局 調査査察部次長

税務職　特１等級（浦和税務署長）

に昇任させる

１１号俸を給する

（次期昇給予定日　昭和55年７月１日）

昭和54年７月10日

国税庁長官　磯邊律男

辞職（昭和五十五年七月十日）

退職後の男の居場所心得五カ条

1　身分、肩書きは一切詮索すべからず。

2　過去の業績を誇らしげに披露すべからず。

3　隣近所の話題を持ち出すべからず。

4　へりくだったり、卑屈になったりするべからず。

5　特技、趣味の情報は積極的にアピールし、今後の活動にいかすこと。

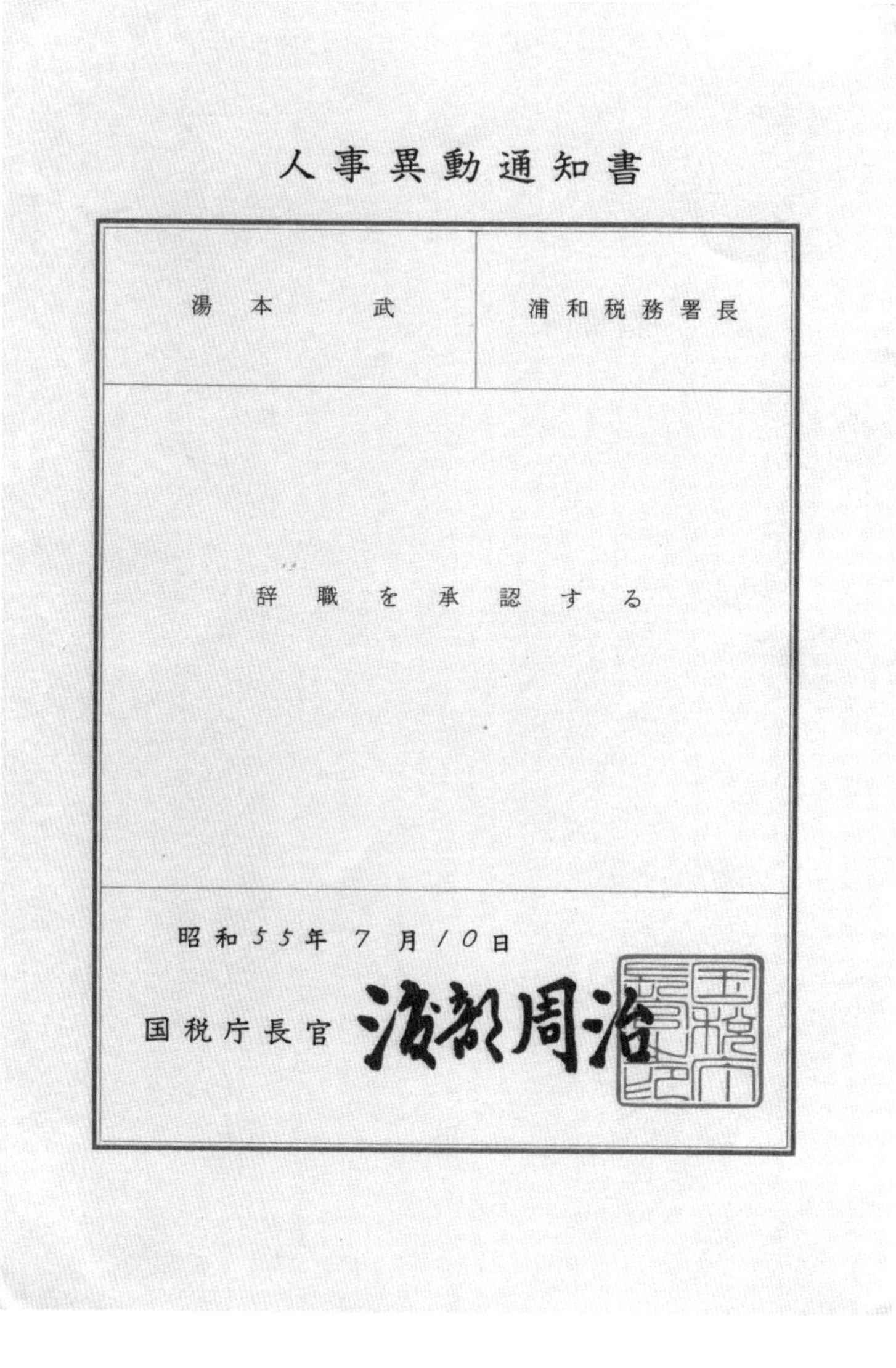

人事異動通知書

湯　本　　武	浦和税務署長

辞職を承認する

昭和55年7月10日

国税庁長官　渡部周治

感謝状
湯本 武殿
あなたは長い間大蔵省に勤務し
その間国税局及び税務署の要職を
歴任し税務行政に多大の貢献を
されました
ここにそのご労苦に対し深く感謝の
意を表します
昭和五十五年七月二十九日
関東信越国税局長 古橋 源六郎

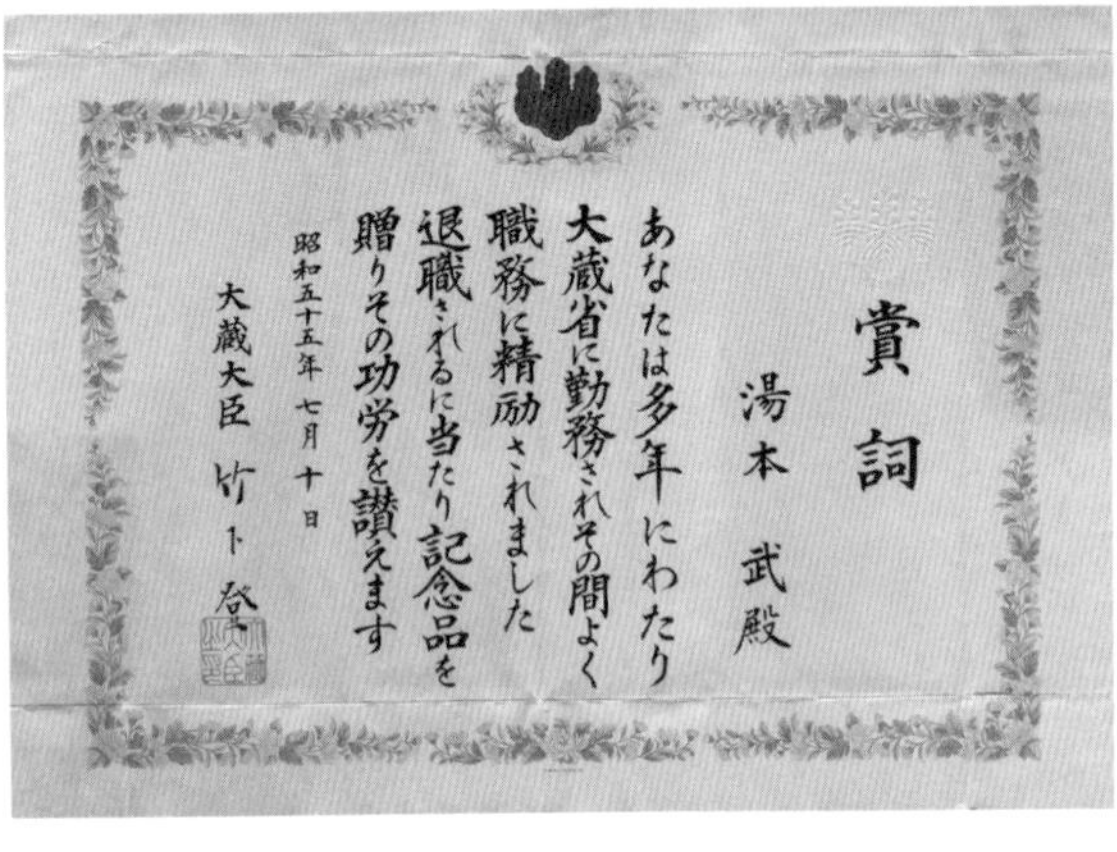
賞詞
湯本 武殿
あなたは多年にわたり
大蔵省に勤務されその間よく
職務に精励されました
退職されるに当たり記念品を
贈りその功労を讃えます
昭和五十五年 七月 十日
大蔵大臣 竹下 登

税務事務所開業（昭和五十五年九月一日）

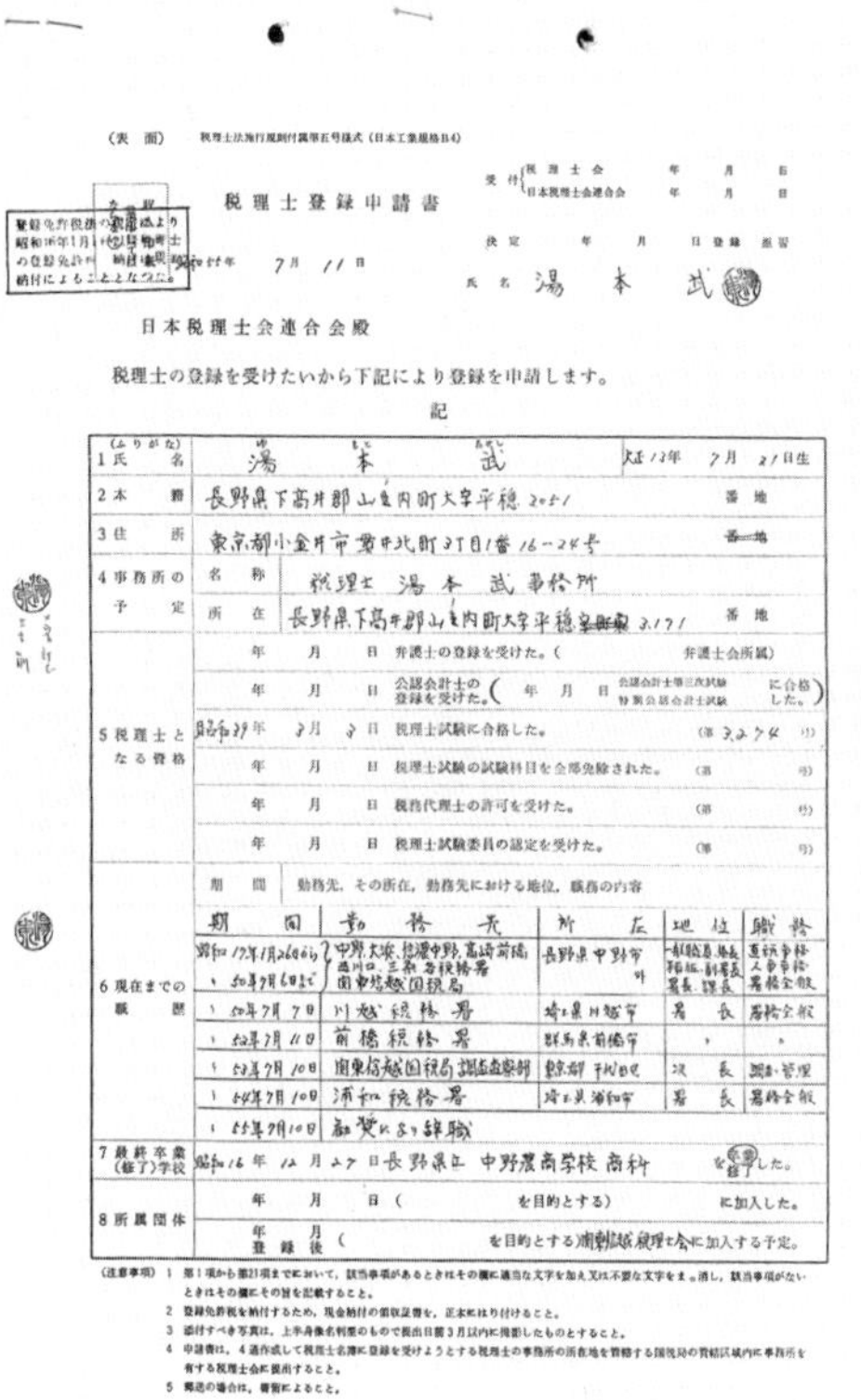

（表　面）　税理士法施行規則付録第五号様式（日本工業規格B4）

受付｛税理士会　年　月　日
日本税理士会連合会　年　月　日｝

税理士登録申請書

登録免許税の納付は昭和58年1月1日以降は現金納付によることとなった。

昭和55年　7月　11日

決定　年　月　日登録　番号

氏名　湯本武

日本税理士会連合会殿

税理士の登録を受けたいから下記により登録を申請します。

記

1 氏名（ふりがな）	湯《ゆ》本《もと》武《たけし》	大正13年　7月　21日生
2 本籍	長野県下高井郡山ノ内町大字平穏 2051	番地
3 住所	東京都小金井市貫井北町3丁目1番16－24号	~~番地~~
4 事務所の予定　名称	税理士　湯本武事務所	
4 事務所の予定　所在	長野県下高井郡山ノ内町大字平穏 3171	番地
5 税理士となる資格	年　月　日　弁護士の登録を受けた。（　弁護士会所属）	
	年　月　日　公認会計士の登録を受けた。（年　月　日　公認会計士第三次試験／特別公認会計士試験　に合格した。）	
	昭和39年　3月　3日　税理士試験に合格した。	（第3274号）
	年　月　日　税理士試験の試験科目を全部免除された。	（第　号）
	年　月　日　税務代理士の許可を受けた。	（第　号）
	年　月　日　税理士試験委員の認定を受けた。	（第　号）

6 現在までの職歴（期間　勤務先，その所在，勤務先における地位，職務の内容）

期間	勤務先	所在	地位	職務
昭和17年1月26日から 〃50年7月6日まで	中野、大宮、信濃中野、高崎前橋、西川口、三和各税務署 関東信越国税局	長野県中野市 外	一般職員、係長、課長、副署長、署長、課長	直税事務 人事事務 署務全般
〃50年7月7日	川越税務署	埼玉県川越市	署長	署務全般
〃52年7月11日	前橋税務署	群馬県前橋市	〃	〃
〃53年7月10日	関東信越国税局調査査察部	東京都千代田区	次長	調査・管理
〃54年7月10日	浦和税務署	埼玉県浦和市	署長	署務全般
〃55年7月10日	勧奨により辞職			

7 最終卒業（修了）学校	昭和16年　12月　27日　長野県立中野農商学校商科を卒業した。
8 所属団体	年　月　日（　を目的とする）に加入した。
	年　月　登録後（　を目的とする）関東信越税理士会に加入する予定。

（注意事項）1　第1項から第21項までにおいて，該当事項があるときはその欄に適当な文字を加え又は不要な文字をま消し，該当事項がないときはその欄にその旨を記載すること。
2　登録免許税を納付するため，現金納付の領収証書を，正本にはり付けること。
3　添付すべき写真は，上半身像名刺型のもので提出日前3月以内に撮影したものとすること。
4　申請書は，4通作成して税理士名簿に登録を受けようとする税理士の事務所の所在地を管轄する国税局の管轄区域内に事務所を有する税理士会に提出すること。
5　郵送の場合は，書留によること。

事務所設置予定地及び略図

氏名　湯　本　武

所在地	長野県下高井郡山之内町大字平穏字町東3171番地		
賃借料	―	電話	02693(3)0262

交通機関
長野電鉄 線で 湯田中 駅下車
バス　―分
徒歩　10分

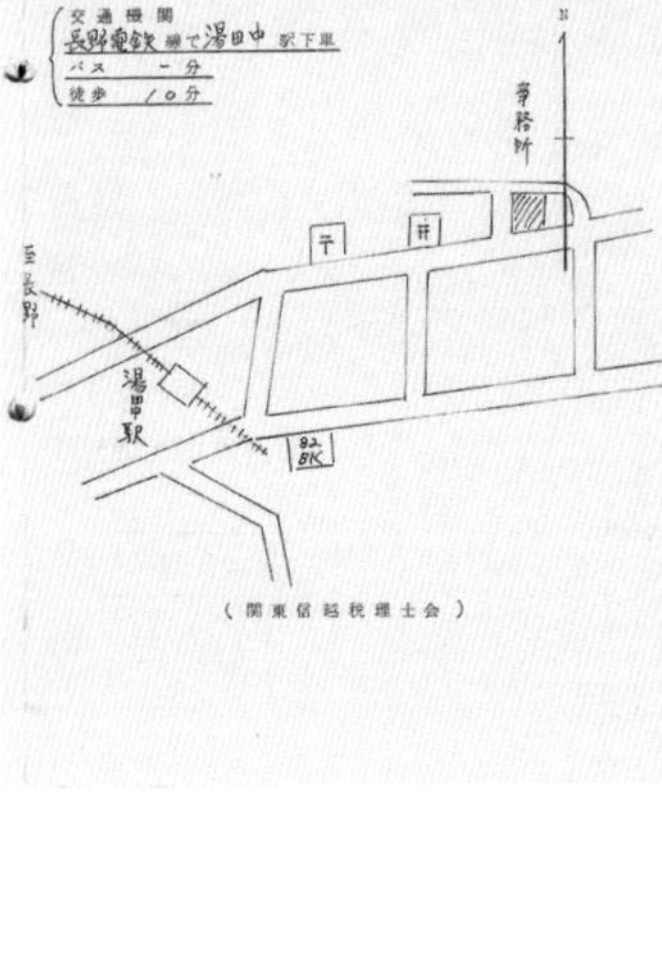

（関東信越税理士会）

昭和55年　7月　11日

誓　約　書

関東信越税理士会

会長　尾　和　鶴　司　殿

本　籍　長野県下高井郡山之内町大字平穏2051番地

住　所　東京都小金井市貫井北町3丁目1番16-28号

事務所予定地　長野県下高井郡山之内町大字平穏字町東3171番地

主として業務を行なう地域　関東信越地区

氏　名　湯　本　武

退職時の税務官公署における地位、職務の内容　浦和税務署　税務署長

私は、前記税務官公署において、国税（地方税）に関する行政事務に従事しておりましたが、昭和55年7月　日退職し、税理士登録申請をいたしました。また、登録完了後貴会に入会の予定です。ついては、税理士法等の規定により、下記事項を厳守することを誓約します。

記

1. 昭和55年　7月　日から一年間は、税理士法第42条の業務制限規定に違反しないこと。
2. 登録、入会前、納税者に関与するなど、税理士法第52条の業務制限規定に違反しないこと。
3. 他の税理士（会員）の業務を侵害するような行為をしないこと。
4. ニセ税理士と関係を結ぶような行為をしないこと。

以上

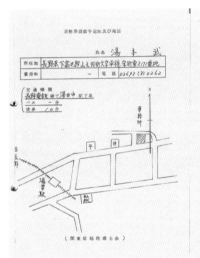

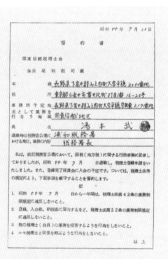

第六号様式（用紙　日本工業規格B5）

誓　約　書

本　　籍　長野県下高井郡山之内町大字平穏三、〇五一番地

現住所　東京都小金井市貫井北町三丁目一番一ス一二四号

氏　　名　湯本　武

大正十三年七月二十一日生

一　不正に国税又は地方税の賦課又は徴収を免れ若しくは免れようとし、又は免れさせ、若しくは免れさせようとした者で、その行為があつた日から二年を経過しないもの

二　不正に国税又は地方税の還付を受け、若しくは受けようとし、又は受けさせ、若しくは受けさせようとした者で、その行為があつた日から二年を経過しないもの

三　国税若しくは地方税又は会計に関する事務について刑罰法令にふれる行為をした者で、その行為があつた日から二年を経過しないもの

四　心身の故障により税理士業務を行わせることが適正を欠くおそれがある者

五　税理士の信用又は品位を害するおそれがあり、その他税理士の職責に照らし税理士としての適格性を欠く者

私は右各号の一に該当する者でない旨を厳に誓約いたします

昭和五十五年七月十一日

右　氏名　湯本　武　（印）

日本税理士会連合会会長　山本義雄殿

勲四等瑞宝章受章（平成六年十一月三日）

税理士業務廃業（平成十二年四月二十六日）

妻病気のため続行不能

俳句に「看取られるはずを看取って寒椿」。高齢社会の中で男やもめが増ている。六十歳以上の夫婦で、夫が妻を看取るのが一五％、妻が夫を看取るのが八五％という。その看取った後の夫の余生が平均五年、妻が夫を看取った後の余生が二二年という。男はどうなっているのだ。

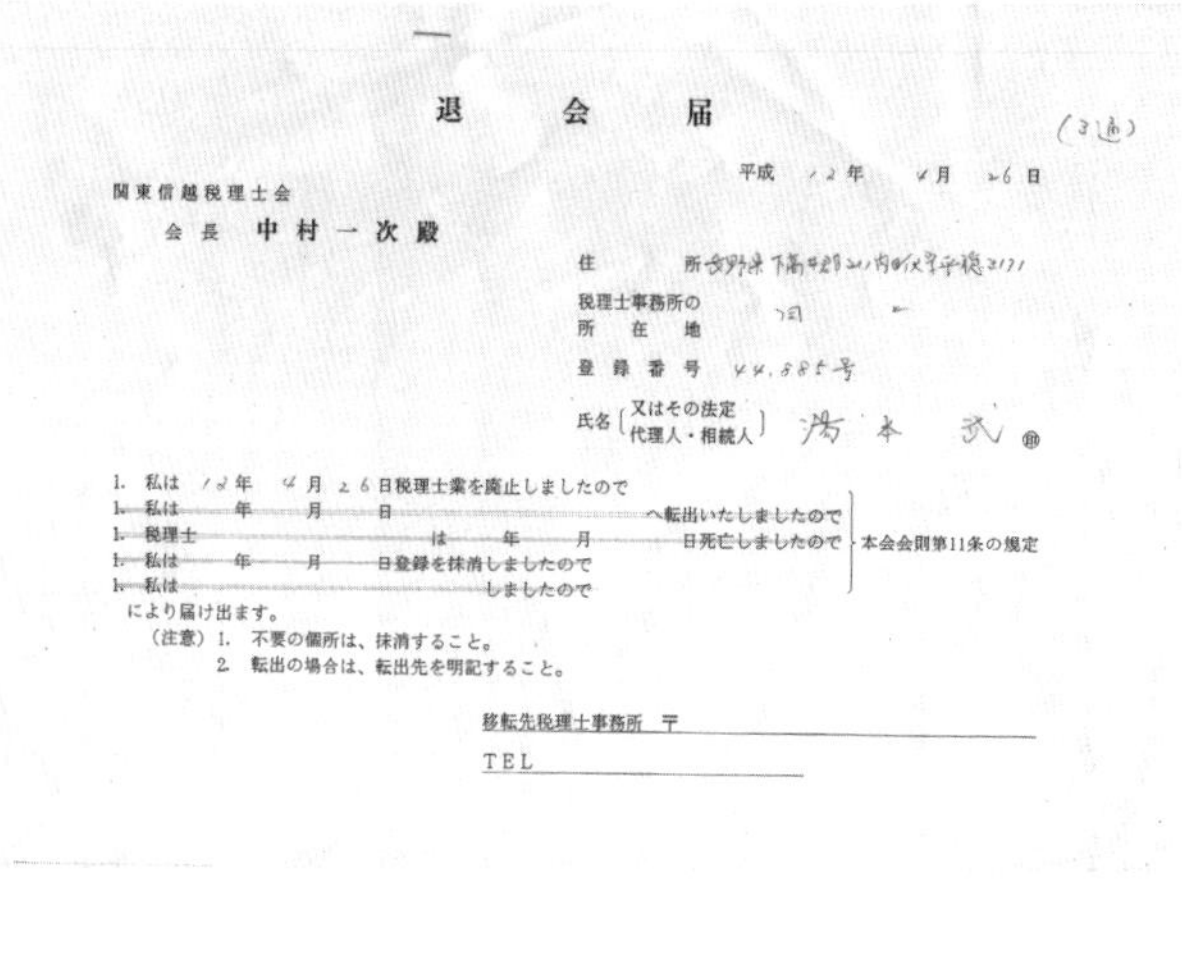

退　会　届

（3通）

平成 12 年 4 月 26 日

関東信越税理士会

会長　中村一次殿

住　所

税理士事務所の所在地　同

登録番号　44,885号

氏名〔又はその法定代理人・相続人〕　湯本武　㊞

1. 私は 12 年 4 月 26 日税理士業を廃止しましたので

~~1. 私は　年　月　日　へ転出いたしましたので~~

~~1. 税理士　は　年　月　日死亡しましたので~~

~~1. 私は　年　月　日登録を抹消しましたので~~

~~1. 私は　しましたので~~

本会会則第11条の規定により届け出ます。

（注意）1. 不要の個所は、抹消すること。

2. 転出の場合は、転出先を明記すること。

移転先税理士事務所　〒

TEL

最近の中高年の概念

昔より医療技術が発達したし、栄養状態もよくなっている、そのせいで、精神面の成熟も昔ほど早くないから、人間の肉体や精神年齢は三、四〇年前に比べると、八がけになっているのだ。つまり、いま八〇歳の人は昔の六四歳ぐらい、六〇歳は四八歳ぐらい、六五歳以上が老人なんていう人口統計上の概念はもう古い。

自分史

氏名　湯本　武	生年月日　大正13年7月21日

経歴等

年月日	所属等	備考
昭和 17 1 26	中野税務署直税課	名古屋財務局雇として採用
11 10	〃	昇任受験のための民法、税法等の講習終了
20	任官試験受験	長野市
18 5 4	大浜税務署	任官　税務署属　大浜税務署へ転勤
19 5 末	徴兵検査	甲種合格
9 5	東部第50部隊入隊	現役兵として入隊（松本市）
10 27	決第6665部隊	転属、穂高村有明演習場
20 4 10		千葉県印旛村へ移動
6 15	憲兵受験	千葉市
7 15	憲兵学校入校	試験合格により入校　東京都中野区
8 15	憲兵学校卒業	終戦により授業短縮
	長野地区憲兵隊本部	終戦の詔勅を聞くと同時に転属
16	陸軍憲兵上等兵	
9 3	諏訪憲兵分遣隊	転勤　諏訪市の分遣隊へ
10	現役解除	帰郷を命ぜられる
	大浜税務署	復職
22 9 26	東京財務局	転勤　署の管轄が異なるので東京へ
	信濃中野税務署	転勤　同日付で中野へ
12 28	公職追放	兵役が憲兵のため官報に追放指定
23 1 24	異議申立	総理大臣片山哲あて異議申立提出
5 12	公職追放解除	異議申立がとおり追放解除
25 6 30	高崎税務署	転勤　直税課　方面主任（碓氷郡）
26 9 1	国税局直税部駐在員	転勤　県庁所在地（前橋）へ派遣駐在員
29 7 7	関東信越国税局	転勤　直税部所得税課へ
36 7 15	農業所得係長	昇任　関東信越国税局直税部所得税課
37 7 10	人事課任用係長	配置換　総務部人事課
11 3	大蔵省永年勤務表彰	国税庁長官
39 3 3	人事課任用係長	税理士試験合格　第3274号
41 7 1	人事課課長補佐	昇任　総務部人事課
42 11 3	大蔵省永年勤務表彰	大蔵大臣
45 7 10	西川口税務署副署長	昇任　転勤
47 7 10	三条税務署長	昇任　転勤
	土地価額審議委員	加茂市土地価額審議会
48 7 9	資産税課長	昇任　転勤　関東信越国税局直税部
50 7 7	川越税務署長	転勤
52 7 11	前橋税務署長	転勤
53 7 10	調査査察部次長	昇任　転勤　関東信越国税局
54 7 10	浦和税務署長	転勤
8 1	共済運営委員	大蔵省共済組合関信支部運営委員会
55 7 10	辞職	浦和税務署長
9 1	税理士	開業　登録第44885
61 7 1	参与	大蔵税務協会
平成 3 4 1	記念誌編纂特別委員	長野県税理士会
6 11 3	勲四等瑞宝章受章	大蔵省並びに宮中へ
12 4 26	税理士廃業	

湯本家家系図

平成二十七年　八月作成

発行者　湯本　智明
作成者　湯本　慎之

大正六年九月五日亡
（桜井佐之右ェ門の三女）
戸狩村
天保三年十月八日生

つな

安政元年五月十日結婚

湯本　荘五郎

天保五年一月五日生
（吉兵衛の二男）
明治三十六年二月九日亡

湯本　きく

大正四年二月二十八日亡
（荘五郎の長女）
安政六年八月二十二日生

平成四年一月三十一日亡
（湯本与七の四女）
平穂村
明治三十五年七月二十二日生

きい

大正十二年五月五日結婚

湯本《ユモト》　明納《トモノリ》

明治三十二年九月十八日生
夜間瀬村
（塚田逸蔵の二男）
大正十二年四月十四日
儀三治と養子縁組
昭和六十年二月二十五日亡

①

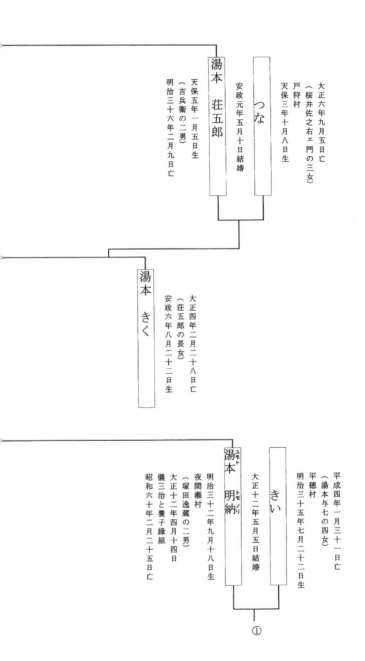

愛生院妙授温徳信女
明治十六年六月二十四日亡

湯本　吉兵衛
明治十五年六月三日亡

豊生院妙顕誘徳信女
嘉永二年七月九日亡
（湯本吉兵衛の母）

倖生院法禅盛徳信夫
（湯本吉兵衛の父）
慶應二年十二月二十九日亡

昭和十三年四月四日亡
（山本峰吉の二女）
平穂村
文治元年二月二十日生

なか

明治十八年九月二十四日結婚

湯本　儀三治
文久二年十二月二十六日生
（荘五郎の長男）
大正十三年三月十九日亡

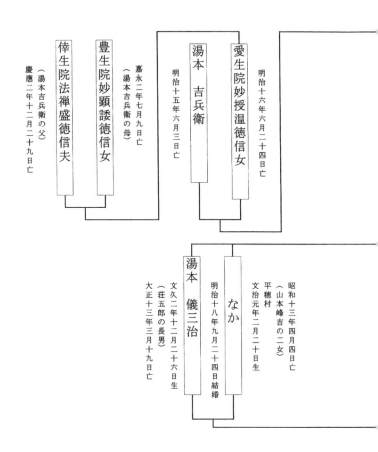

芳子《ヨシコ》
（佐藤家　長女）
出身　東京
昭和十二年一月二日生

昭和三十七年三月二十七日結婚

湯本《ユモト》　茂実《シゲミ》
昭和十一年七月十二日生
（明納の三男）
平成二十四年二月五日亡

④

初女《ハツメ》
（湯本　義吉の長女）
出身　宇木
昭和十一年五月十二日生

昭和三十二年四月二十九日結婚

湯本《ユモト》　和泉《イズミ》
昭和八年十二月二十三日生
（明納の二男）
きく死亡跡家督相続、後見人
明納届出昭和十九年三月七日

③

湯本《ユモト》　ツナ子《コ》
昭和十年八月二十七日亡
（明納の四女）
昭和六年十月三十日生

湯本《ユモト》　重子《シゲコ》
昭和五年十二月十七日亡
（明納の三女）
昭和五年三月十一日生

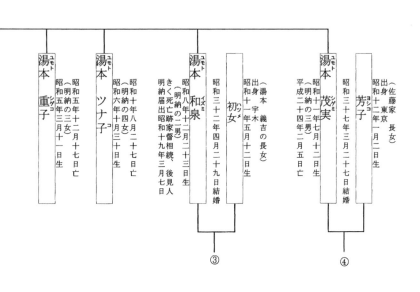

①

きい
明治三十五年七月二十二日生
平穂村
（湯本与七の四女）
平成四年一月三十一日亡

大正十二年五月五日結婚

湯本《ユモト》　明納《トモノリ》
明治三十二年九月十八日生
夜間瀬村
（塚田逸蔵の二男）
大正十二年四月十四日
儀三治と養子縁組
昭和六十年二月二十五日亡

湯本《ユモト》　玉子《タマコ》
（明納の二女）
昭和三年四月二十日生

幸《コウ》
（明納の長女）
大正十五年六月二十二日生

昭和二十五年四月十二日結婚

滝澤《タキザワ》　健一郎《ケンイチロウ》
大正八年九月二十二日生
出身
（滝澤家　四男）
平成十四年十月六日亡

貞子《サダコ》
平成二十四年二月八日亡
（青木　富茂の二女）
夜間瀬村
昭和二年十二月一日生

昭和二十四年五月二十七日結婚

湯本《ユモト》　武《タケシ》
大正十三年七月二十一日生
（明納の長男）
平成二十六年十一月二十五日亡

②

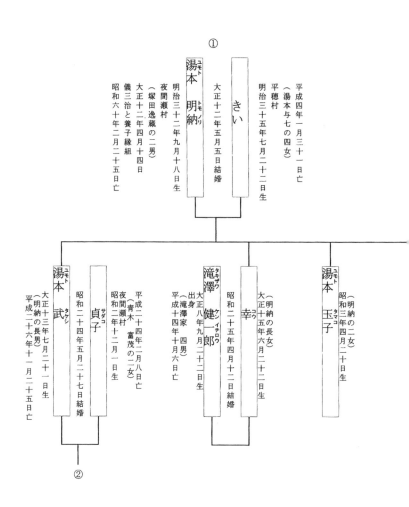

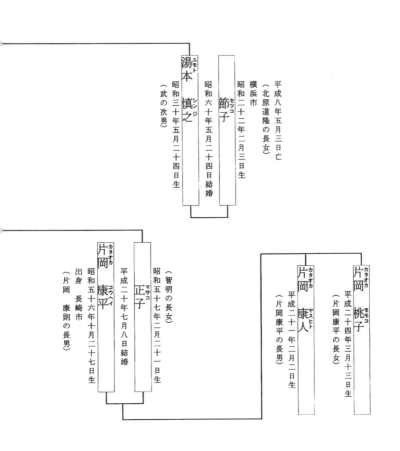

平成八年五月三日亡
（北原道隆の長女）
横浜市
昭和二十二年二月三日生

節子《セツコ》

昭和六十年五月二十四日結婚

湯本《ユモト》　慎之《シンジ》

昭和三十年五月二十四日生
（武の次男）

片岡《カタオカ》　桃子《モモコ》

平成二十四年三月十三日生
（片岡康平の長女）

片岡《カタオカ》　康人《ヤスヒト》

平成二十一年二月二日生
（片岡康平の長男）

（智明の長女）
昭和五十七年二月二十一日生

正子《マサコ》

平成二十年七月八日結婚

片岡《カタオカ》　康平《コウヘイ》

昭和五十六年十月二十七日生
出身　長崎市
（片岡　康則の長男）

平成二十四年二月八日亡
（青木富茂の二女）
夜間瀬村
昭和二年十二月一日生

貞子《サダコ》

昭和二十四年五月二十七日結婚

②

湯本《ユモト》　武《タケシ》

大正十三年七月二十一日生
（明納の長男）
平成二十六年十一月二十五日亡

（小林四郎夫の長女）
佐野
昭和三十年九月二十四日生

豊子《トヨコ》

昭和五十六年五月十七日結婚

湯本《ユモト》　智明《トモアキ》

昭和二十六年十一月二十八日生
（武の長男）

為春光孩児

昭和二十五年三月六日亡
（武の長男）

昭和六十二年六月二十四日生
（智明の長男）

湯本《ユモト》　和浩《カズヒロ》

昭和二十五年九月十四日結婚

知美《トモミ》

平成三年三月十八日生
出身　栃木県野木町
（亀田　茂の長女）

湯本《ユモト》　柚子《ユズ》

平成二十六年二月二十六日生
（湯本和浩の長女）

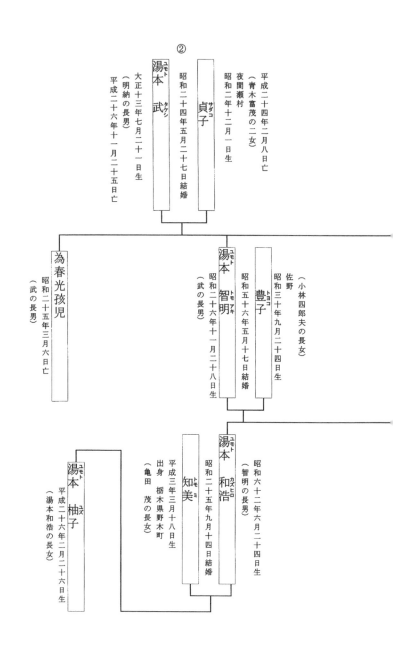

（和泉の二女）
昭和三十九年九月八日生
よし江《エ》
平成三年十二月八日結婚
宮下《ミヤシタ》　泰志《ヤスシ》
昭和四十年九月八日生
出身　東京都板橋区赤塚
（宮下　典幸の長男）

（宮下泰志の三女）
平成十五年四月一日生
宮下《ミヤシタ》　なつみ

（宮下泰志の二女）
平成九年十二月二十日生
宮下《ミヤシタ》　ともみ

（宮下泰志の長女）
平成五年十一月七日生
宮下《ミヤシタ》　まるみ

③

初女《ハツメ》
(湯本 義吉の長女)
出身 宇木
昭和十一年五月十二日生

昭和三十二年四月二十九日結婚

湯本《ユモト》 和泉《イズミ》
昭和八年十二月二十三日生
(明納の二男)

きよ江《エ》
(和泉の長女)
昭和三十五年九月四日生

平成五年十月二十四日結婚

湯本《ユモト》 明《アキラ》
昭和三十五年十二月十一日生
出身 長野県中野市
(中川 剛の二男)
平成五年十月二十四日
和泉と養子縁組

湯本《ユモト》 有紀《ユキ》
(明の二女)
平成九年七月一日生

湯本《ユモト》 早紀《サキ》
(明の長女)
平成六年十一月十五日生

（茂実の長女）
昭和四十四年十月二十二日生
朋子《トモコ》
平成六年二月二十七日結婚
伊東《イトウ》　修《オサム》
昭和四十四年十二月十二日生
出身　埼玉
（幸三の二男）

（伊東修の二男）
平成十八年十一月二十日生
伊東《イトウ》　航《ワタル》

（伊東修の長男）
平成八年九月七日生
伊東《イトウ》　透《トオル》

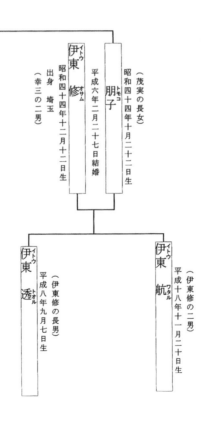

④

芳子《ヨシコ》
（佐藤家　長女）
出身　東京
昭和十二年一月二日生

昭和三十七年三月二十七日結婚

湯本《ユモト》　茂実《シゲミ》
昭和十一年七月十二日生
（明納の三男）
平成二十四年二月五日亡

知子《トモコ》
（窪田家　長女）
出身　山梨
昭和五十年三月三十日生

平成十八年九月一日結婚

湯本《ユモト》　敬《タカシ》
昭和三十九年十月一日生
（茂実の長男）

湯本《ユモト》　成也《ナルヤ》
（敬の二男）
平成二十年一月二十七日生

湯本《ユモト》　綾女《アヤメ》
（敬の長女）
平成十二年一月十二日生

湯本《ユモト》　幸也《ユキヤ》
（敬の長男）
平成十年十二月三十日生

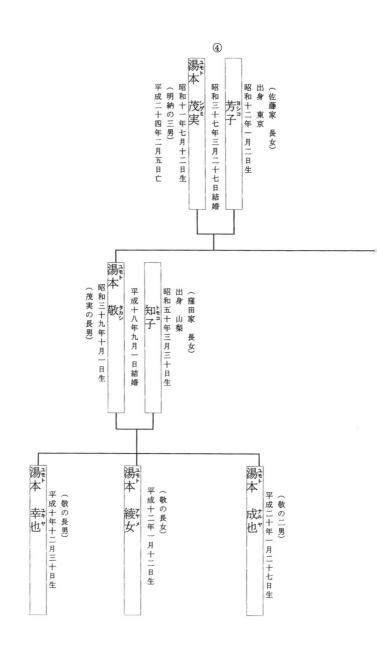

祖母
父
母

湯本武の自分史

2015年11月20日　第1刷発行

定　価　　本体2000円＋税
著　者　　湯本 武
発行者　　宮永 捷
発行所　　有限会社 而立書房
〒101-0064　東京都千代田区猿楽町2丁目4番2号
電話 03(3291)5589／FAX 03(3292)8782
振替 00190-7-174567
印　刷　　有限会社 谷島

落丁・乱丁本はおとりかえいたします。

ISNB 978-4-88059-390-6 C0023
装幀・谷島正寿